글 / 윤상석

성균관대학교 생명과학과를 졸업하고 출판사에서 편집자로 일했습니다. 어려운 정보를 어린이
독자들이 알기 쉽게 쓰고 그리는 작가로 활동 중입니다.
주요 작품으로 〈Who〉, 〈와이즈만 첨단 과학〉, 〈Why〉 시리즈, 《과학 쫌 알면 세상이 더 재밌어》,
《남극과 북극에도 식물이 있을까》, 《만화 통세계사》, 《최태성의 한능검 한국사》 등이 있으며,
사이언스타임즈의 객원 기자로 '만화로 푸는 과학 궁금증'을 연재했습니다

그림 / 박장섭

다양한 경험을 쌓다가 뒤늦게 그림 공부를 시작했습니다. 어릴 적에는 산만하다는 소리를
많이 들었습니다. 그래서 그런 줄 알고 살아왔지요. 하지만 시간이 흘러 뒤돌아보니 상상력의
크기가 산만 하단 걸 깨닫게 되었습니다. 이젠 그 상상력을 주위 사람들과 즐겁게 나누며
살고 싶습니다. 지금은 강원도 동해에서 지내고 있습니다.
그린 책으로 《검은 강아지》, 《그림책 쿠킹박스》, 《도둑을 잡아라》, 《놀자》, 《감기 걸린 물고기》,
《짝꿍》, 《싫어요 싫어요》, 《미래가 온다, 미래 식량》, 《숭민이의 일기(전10권)》 등이 있고,
쓰고 그린 시집으로 《똥시집》이 있습니다.

감수 / 김경현

런던대학교에서 박사 학위를 받고 고려대학교 연구 교수를 거쳐 현재 홍익대학교 역사교육과의
교수로 재직 중입니다. 고대 로마의 정치사와 여성사 그리고 문화사에 토대를 두고 다양한 연구
주제를 다루고 있습니다. 주요 논문으로는 〈클레오파트라의 '로마 방문'에 관한 역사적 고찰〉,
〈옥타비아누스의 리더십에 관한 연구: '거래적 리더십'과 '카리스마 리더십'〉, 〈고대 로마 세계
노인의 지위와 역할: 조르주 미누아의 테제에 관한 비판적 연구〉, 〈안토니누스 역병의 역사적
배경과 영향〉 등이 있으며, 주요 저서로는 《로마 공화정 중기의 호민관》, 《도시는 기억이다》(공저),
《아우구스투스 연구》(공저), 《인물로 보는 서양 고대사》(공저) 등이 있습니다.

한 컷 쏙 세계사

초판 1쇄 발행 2024년 11월 11일
글 윤상석 / 그림 박정섭 / 감수 김경현
펴낸이 홍석 / 이사 홍성우 / 편집부장 이정은 / 편집 조유진 / 기획·외주편집 임형진
디자인 권영은·김영주 / 외주디자인 권석연 / 마케팅 이송희·김민경 / 제작 홍보람 / 관리 최우리·정원경·조영행
펴낸곳 도서출판 풀빛 / 등록 1979년 3월 6일 제2021-000055호
제조국 대한민국 / 사용연령 8세 이상
주소 서울특별시 강서구 양천로 583 우림블루나인 A동 21층 2110호
전화 02-363-5995(영업) 02-362-8900(편집) / 팩스 070-4275-0445
전자우편 kids@pulbit.co.kr / 홈페이지 www.pulbit.co.kr
블로그 blog.naver.com/pulbitbooks / 인스타그램 instagram.com/pulbitkids

한 컷마다 역사가 바뀐다

한 컷 쏙

내가 한 방에 끝내 주지!

세 계 사

윤상석 글 × 박정섭 그림 × 김경현 감수

풀빛

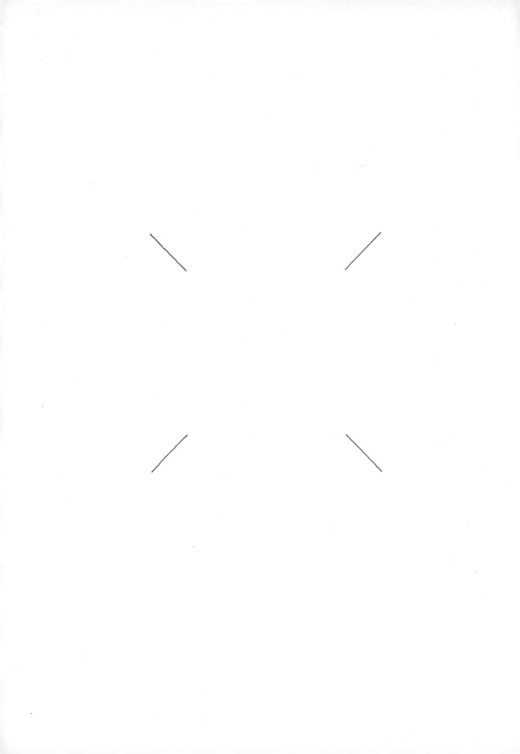

'영국에는 왕이 있는데, 왜 수상이 나라를 다스릴까?'

'같은 이슬람교를 믿으면서 왜 수니파와 시아파는 서로 싸울까?'

세계 여러 나라에서 일어나는 사건들을 보면서 궁금증을 느낀 경우가 많을 거야. 이 궁금증을 풀려면 세계사를 알아야 해. 세계사는 우리나라 역사에도 큰 영향을 끼쳐. 예를 들면 민주주의는 오래전에 서양에서 시작되었고 미국에서 꽃피운 정치 제도야. 이 정치 제도가 해방 후에 우리나라에 들어와서 현재의 모습으로 발전했거든. 북한이 우리나라를 침략한 6·25 전쟁도 제2차 세계 대전 후 세계를 두 개의 진영으로 나눈 냉전으로 인해 일어났음을 알 수 있지. 이같이 우리나라 역사는 물론 우리를 둘러싼 국제 정세를 제대로 이해하려면 세계사를 알아야 하는 거야.

이 책에서는 인류 역사에서 매우 중요한 사건 60가지를 다루고 있어. 60가지 사건을 살펴보면, 자연스럽게 세계사의 큰 흐름과 함께 현재 세계에서 일어나는 여러 사건의 원인과 배경을 이해할 수 있지.

인류 역사에서 중요한 사건들은 어떤 것이 있을까?

차례

인류가 처음 탄생한 아프리카

지구에 인류가 나타난 것은 언제쯤일까? 인류는 인간과 가장 가까운 유인원인 고릴라, 침팬지와 같은 조상에서 갈라져 나왔다고 해. 약 700만~500만 년 전에 유인원에서 갈라져 나와 따로 진화한 거야. 그리고 약 400만 전 아프리카에서 인류의 조상이 처음 출현했지. 그들은 오스트랄로피테쿠스라고 불리는데, 인간보다는 유인원에 더 가까웠어. 하지만 두 발로 서서 걸으면서 두 손이 자유로웠고, 덕분에 손으로 돌이나 나무 등의 간단한 도구를 사용했지. 그러면서 뇌가 점점 발달했어.

약 170만 년 전부터는 좀 더 인간과 닮은 호모 에렉투스가 나타났어. 그들은 오스트랄로피테쿠스보다 뇌가 훨씬 컸고, 불을 사용하기 시작했으며, 아프리카에 머물지 않고 아시아와 유럽 대륙으로 퍼져 나갔지. 약 20만 년 전에는 현재 인류와 더 비슷하게 생긴 인류가 나타났는데, 이들을 슬기로운 사람이란 뜻의 호모 사피엔스라고 불러. 그리고 약 4만 년 전에는 인류의 진짜 조상인 호모 사피엔스 사피엔스가 등장했어.

인류의 조상은 약 300만 년 전부터 돌을 쳐서 떼어 내 만든 뗀석기를 사용했는데, 이 시기를 구석기 시대라고 불러. 이 시대의 인류는 동물을 사냥하거나 열매를 따 먹으며 생활했어. 이들은 먹을 것을 찾아 계속 이동하면서 아시아와 유럽을 넘어 오스트레일리아, 아메리카 대륙까지 퍼져 나간 거야.

농사를 짓고 목축을 시작하다

약 1만 년 전, 인류는 돌을 갈아서 원하는 모양으로 도구를 만들기 시작했어. 이런 도구를 간석기라고 하고, 간석기를 사용한 시대를 신석기 시대라고 해. 이 시대에 물고기와 조개 등 먹을거리가 많은 강이나 바닷가에 머물러 살기 시작한 인류가 있었어. 그들은 씨앗이 땅에 떨어져 싹이 트고 자라면 많은 열매가 열린다는 사실을 알게 되었고, 그 후로 인류는 많은 식량을 얻기 위해 농사를 짓기 시작했지.

인류는 집을 짓고 농사를 지으며 한곳에 머물러 살게 되면서, 먼 곳으로 사냥하러 가기가 힘들어졌어. 동물의 새끼를 산 채로 잡아 와서 집 주변에서 키우기 시작했지. 주로 돼지, 양, 닭 등을 키웠는데, 이 동물들을 가축이라고 해. 인류는 이렇게 농사를 짓고 가축을 키우면서 식량을 많이 생산할 수 있었어. 그러면서 남는 식량을 저장하고 음식을 익혀 먹기 위해 토기도 만들기 시작했지.

이렇게 정착 생활을 하면서 자식들이 각각 가정을 꾸린 후에도 같은 지역에 모여 살았어. 그러면서 마을이 점점 커졌지. 그 자식의 자식들도 같은 지역에 모여 살면서 친족끼리 사회를 이룬 씨족 사회가 생긴 거야.

문명이 시작되다

씨족 사회에도 변화가 생겼어. 농사가 잘되는 지역에 사람이 모여들기 시작했거든. 그러면서 친족이 아닌 사람들과도 어울려 사회를 이뤄야 했고, 친족을 넘어 사람들이 사는 지역이 더 중요하게 되었지. 바로 부족 사회가 된 거야. 부족 사회가 발달하면서 많은 사람이 모여 사는 도시가 생겼어. 여러 부족이 힘을 합쳐 큰 도시를 세우기도 하고, 힘이 센 부족이 힘이 약한 부족을 정복해 도시를 키우기도 했지.

이런 정복이 가능하게 된 것은 청동 무기 때문이야. 청동기 시대가 되면서 청동 무기로 무장한 부족이 청동기를 쓰지 못하는 약한 부족을 정복한 거지. 청동기는 재료를 구하기가 힘들고 만들기도 어려워서 아무나 가질 수 없었거든.

도시가 커지면서 사람들을 통솔하고자 하는 사람이 나타났고, 통솔하기 편하도록 문자가 탄생했어. 이렇게 문명이 생기기 시작한 거야. 티그리스강과 유프라테스강 유역의 메소포타미아 문명과 나일강 유역의 이집트 문명, 인도의 인더스강 유역의 인더스 문명, 중국 황허강 유역의 황허 문명이 생겼어. 이들을 세계 4대 문명이라고 불러. 이 지역들은 사람이 살기 좋은 기후를 가졌고, 강이 자주 범람하여 농사가 잘되는 땅이었어. 강에서 물고기도 잡을 수 있고, 강의 물길을 따라 사람과 물자가 활발하게 교류할 수 있는 곳이야.

이집트의 문명

발전하는 4대 문명

세계 4대 문명 중 가장 먼저 생긴 것이 메소포타미아 문명이야. 기원전 3200년 무렵, 메소포타미아 평원에 수메르인들이 도시 국가를 세웠어. 수메르인들은 인류 최초로 문자를 발명하고 가장 오래된 법전도 만들었지. 그런데 기원전 2000년경, 서쪽에서 온 아모리인들이 이 지역을 정복하고 바빌로니아 왕국을 세웠어. 기원전 13세기 무렵에는 아시리아라는 강력한 왕국이 등장하여 바빌로니아와 이집트까지 정복하여 대제국을 건설했지. 하지만 아시리아는 기원전 7세기에 반란으로 망하고 말아.

이집트 문명은 기원전 3000년 무렵에 생겨났어. 주변 부족 국가들이 하나의 왕국으로 통일된 거야. 왕국은 시리아와 아프리카 중부까지 영토를 확장하고, 또 쇠락하여 다른 민족의 지배를 당하기도 하지만, 나일강 일대에 강력한 왕국을 꾸준히 유지했어. 이 왕국은 미라와 피라미드를 유물로 남겼지.

중국의 황허강 주변에서는 기원전 1600년부터 중국 최초의 왕조인 상나라가 문명을 이루었어. 은나라라고도 불렸던 상나라는 기원전 1046년에 주나라에게 멸망하고 말아. 한편 인더스 문명은 인도의 인더스강을 중심으로 번성했으나 자연재해로 쇠퇴하다가 기원전 1500년 무렵, 북서부 지역에서 온 아리아인들에게 정복당하고 말아.

크레타 문명 vs 미케네 문명, 스파르타 vs 아테네

그리스에도 새로운 문명이 건설되었어. 기원전 2000년 무렵, 그리스 남부 크레타섬에 크노소스 지역을 중심으로 한 크레타 문명이 들어섰어. 크레타는 지중해 동부 일대를 장악했지만 미케네의 공격을 받아 멸망하고 말아. 미케네 문명은 그리스 중남부 지역에서 시작되어 기원전 1600년 무렵부터 주변 도시 국가들을 차례로 정복하고 세력을 넓혔지. 그런데 기원전 1200년경, 그리스 북쪽에 있던 도리스인이 철기로 무장하고 그리스를 정복하면서 미케네 문명은 사라져 버려.

미케네 문명이 사라지면서 한동안 그리스는 역사 속에서 보이지 않아. 그러다 기원전 9세기 무렵, 그리스 일부 지역에 폴리스라 불리는 도시 국가들이 들어서기 시작했어. 폴리스들은 지중해 연안에 수백 개의 식민시를 건설할 정도로 발전했지. 이 폴리스 중에 스파르타와 아테네가 가장 강력했어. 왕들이 다스리는 스파르타는 나라 전체를 군대처럼 만들었지. 시민은 나라에 복종하고 일상생활까지 간섭받았으며, 남자는 모두 군인이 되어야 했어. 반면에 아테네는 해외 무역으로 많은 돈을 번 부유한 도시 국가로, 왕이 없이 귀족과 평민이 함께 나라를 이끄는 민주 정치가 자리 잡았지.

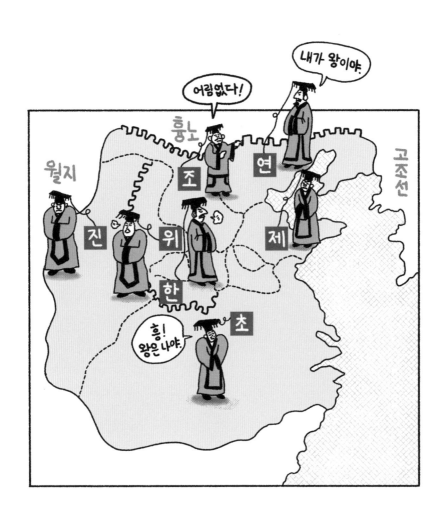

제후들이 천하를 차지하기 위해 싸우다

기원전 770년, 중국 주나라는 유목 민족의 침입을 피해 수도를 동쪽으로 옮겨야 했어. 이때부터 주나라 왕은 허수아비나 다름없었지. 주나라는 왕실의 형제와 친척을 제후로 삼고 땅을 떼어 주어 다스리게 하는 봉건제의 나라였는데, 이 제후들 덕분에 주나라가 수도를 동쪽으로 옮길 수 있었어. 그 후로 제후들이 주나라 왕을 허수아비로 보고 충성하지 않은 거야. 제후들은 자기 세력을 키우기 위해 서로 싸웠는데, 이 시기를 춘추 시대라고 해.

이 시기에 500회가 넘는 전쟁이 일어났고, 강한 제후는 약한 제후의 땅을 차지했어. 이런 과정을 거쳐 제, 진, 초, 오, 월 5개의 강력한 나라가 나타났지. 이 5개의 나라는 서로 더 많은 땅을 차지하기 위해 싸웠어. 춘추 시대 말기에는 철기 무기를 사용하면서 전쟁이 더 격렬해졌어. 결국 오나라는 월나라에 멸망하고, 월나라는 초나라에 멸망하지. 그리고 진나라에 내분이 일어나 한, 위, 조 3개의 나라로 분열되었어.

기원전 403년부터는 제후들이 더 이상 주나라 왕실을 인정하지 않았어. 결국 주나라는 초라한 도시 국가가 되었고, 이제 제후들은 서로 천하를 차지한 왕이 되려 싸웠어. 이때부터를 전국 시대라고 해. 전국 시대에는 한, 위, 조, 진, 초, 연, 제 7개 나라가 강력한 나라였어. 춘추 시대와 전국 시대를 합쳐 춘추 전국 시대라고 부르는데, 550여 년 동안 계속되었지.

누구나 욕심을 버리면 고통에서 벗어날 수 있다

기원전 6세기 무렵, 인도에는 작은 나라가 여러 개 있었고, 사람들은 브라만교를 믿었어. 브라만교는 인더스 문명을 정복한 아리아인들이 인도에 살면서 시작된 종교야. 카스트 제도로 신분을 엄격하게 구분하고 사람들이 전생에서 쌓은 업 때문에 현재 신분으로 태어난다고 생각하는 종교지. 현재 낮은 신분으로 태어나 고통을 겪는 건 어쩔 수 없다는 믿음이야.

인도 북부의 한 작은 왕국에 고타마 싯다르타라는 왕자가 있었어. 왕궁 안에서 아무 걱정 없이 풍요롭게 살았던 그는 어느 날 왕궁 밖에서 고통 속에 살아가는 사람들을 보고 큰 충격을 받았어. 그 후, 그는 인간이 겪는 고통에 대해 고민하기 시작했고, 그 고통에서 벗어나는 방법을 찾고 싶었어. 그 답을 브라만교에서 찾을 수 없다고 생각한 그는 왕자의 자리를 버리고 길을 떠났지. 고행을 시작한 거야.

그는 7년 동안 고행 끝에 보리수나무 아래에서 명상하면서 깨달음을 얻었어. 인간의 고통은 욕심 때문이고, 욕심을 버리면 누구나 행복과 평화를 얻을 수 있다는 깨달음이지. 그는 자신을 가리켜 깨달은 사람이란 뜻의 붓다(부처)라 했고, 인도 곳곳을 다니며 깨달음을 전했어. 많은 사람이 그를 따르며 석가모니라고 불렀어. 석가모니는 석가족의 성자라는 뜻이지. 이렇게 해서 불교가 탄생한 거야. 불교는 더욱 번성하여 전 세계로 퍼져 나갔어.

그리스와 세계 최강 페르시아의 대결

기원전 559년, 지금의 이란 땅에는 페르시아라는 강력한 나라가 나타났어. 페르시아는 무역이 발달한 부유한 나라였지. 페르시아 왕 키루스 2세는 바빌로니아 등 아시아 서남부를 모두 정복했어. 뒤를 이은 캄비세스 2세도 영토를 넓혀 이집트와 아프리카 북부를 정복했지. 그 뒤를 이은 다리우스는 동서로 인더스강에서 소아시아의 다르다넬스 해협까지, 남북으로 아프리카 북부에서 러시아 남부까지 이르는, 인류 역사상 최초의 대제국을 이룩했어. 다리우스 대왕은 이제 그리스로 눈을 돌려 기원전 490년, 아테네로 진격했어. 아테네군은 자기들보다 훨씬 많은 페르시아군을 맞아 마라톤 평원에서 목숨을 걸고 싸웠고, 결국 페르시아군을 물리쳤어. 이 승리 소식을 전하러 아테네 병사 1명이 마라톤 평원에서 아테네까지 40여 km를 달렸는데, 여기에서 유래한 경기가 바로 우리가 알고 있는 그 마라톤이야.

10년 후, 페르시아는 다시 그리스를 공격했어. 스파르타를 포함한 그리스 연합군 정예 병사들이 페르시아 군대가 지나는 길목을 막고 모두 죽을 때까지 싸웠어. 그 덕분에 아테네 해군은 페르시아 함선을 크게 물리치고 다시 승리를 거두었어. 이듬해에도 페르시아는 그리스를 침공했지만, 그리스 도시 국가의 연합군을 당해 낼 수 없었지. 이렇게 해서 그리스-페르시아 전쟁은 그리스의 승리로 끝났어.

페르시아를 무너뜨린 알렉산드로스

간신히 페르시아를 물리친 그리스 도시 국가들은 페르시아에 맞서기 위해 동맹을 맺었어. 그런데 가장 힘이 강한 아테네는 점점 자기 마음대로 동맹을 이끌었지. 다른 도시 국가들의 불만이 커졌어. 그리스 도시 국가들은 아테네 편과 스파르타 편으로 나뉘어 27년간 전쟁을 벌였지. 펠로폰네소스 전쟁이라고 불린 이 전쟁은 기원전 404년, 스파르타의 승리로 끝이 나.

이후에도 그리스의 혼란은 계속되었어. 몇 차례 더 도시 국가들의 전쟁이 이어지고, 결국 스파르타도 망하고 말아. 그 후, 그리스 북부 지방에 있던 마케도니아가 새로운 강자로 떠올랐어. 다른 도시 국가들이 힘을 합쳐 맞섰지만, 마케도니아의 왕 필립포스는 군대를 보내 그들을 제압했지.

필립포스의 뒤를 이어 마케도니아의 왕이 된 알렉산드로스는 페르시아를 정복하기 위해 대규모 군대를 움직였어. 그는 소아시아, 페니키아, 시리아, 이집트를 정복한 후에 페르시아의 수도로 향했어. 왕궁을 불태우고 페르시아 제국을 무너뜨렸지. 알렉산드로스는 멈추지 않고 인도의 인더스강까지 넘었어. 하지만 오랜 원정으로 지친 군대는 더는 진격하지 못하고 돌아와야 했지. 알렉산드로스는 기원전 323년, 젊은 나이에 병으로 세상을 떠났지만, 해외 원정을 통해 그리스 문화를 널리 퍼뜨렸어. 덕분에 그리스와 동양의 문화가 섞인 헬레니즘 문화가 탄생할 수 있었지.

중국을 최초로 통일한 최초의 황제

중국 전국 시대의 진나라는 개혁을 통해 나라를 강하게 만들었어. 기원전 246년, 13세의 어린 왕자가 왕위에 올랐는데 강력한 통치자로 성장했지. 그는 다른 나라를 하나씩 무너뜨렸어. 먼저 한나라를 정복하고, 이어서 조, 위, 초, 연나라를 차례로 정복했지. 기원전 221년에는 마지막 남은 제나라도 무너뜨리고 역사상 처음으로 중국을 통일한 거야. 중국을 통일한 진나라 왕은 자신을 최초의 황제라는 뜻의 시황제라고 불렀어.

진시황제는 나라 전체를 하나로 묶어 자신이 직접 다스리려 했어. 봉건제를 없애고 관리를 보내 지방을 직접 다스렸지. 나라마다 달랐던 법률도 하나로 통일하고, 화폐도 통일했어. 길이, 무게, 부피를 재는 단위도 통일하고, 나라 곳곳을 잇는 도로를 새로 냈지. 하지만 진시황제는 너무나 엄격한 법으로 백성을 다스렸고 자신을 반대하는 사람을 심하게 탄압했어. 유학자를 산 채로 구덩이에 파묻고 자기 뜻에 거스르는 책을 모두 불태워 버렸지. 게다가 북쪽 흉노족을 막으려 거대한 만리장성을 쌓고 화려한 궁궐인 아방궁을 새로 짓는 등 무리한 공사를 벌여 백성을 힘들게 했어.

진시황제가 50세의 나이로 세상을 떠나자, 이듬해 백성들의 반란이 일어나 진나라는 무너지고 말았지.

지중해는 로마가 접수한다!

카르타고를 이기고 지중해를 장악한 로마

기원전 6세기 무렵, 로마는 이탈리아 중부의 작은 도시 국가에 불과했어. 하지만 주변 민족과 경쟁하면서 이탈리아 중부의 최강국으로 성장했고, 기원전 272년에는 이탈리아반도 대부분을 차지했지.

로마는 이제 이탈리아반도를 넘어 지중해로 시선을 돌렸어. 이 무렵 지중해 지역에서 가장 강한 나라는 아프리카 북부의 카르타고였지. 기원전 264년, 로마와 카르타고가 시칠리아섬에서 충돌하며 전쟁이 시작되었어. 이 전쟁을 로마-카르타고 전쟁이라고 불러. 로마는 시칠리아 서쪽 바다에서 펼쳐진 해전에서 크게 이긴 후에 카르타고와 평화 협정을 맺고 시칠리아를 차지했지. 하지만 이후에도 로마는 계속 카르타고를 노렸고, 카르타고도 가만있지 않았어. 한니발 장군이 이끄는 카르타고군은 코끼리 부대와 함께 알프스 산맥을 넘어 북쪽에서 로마로 쳐들어갔지. 허를 찌른 기습에 로마는 속수무책으로 밀렸어. 한니발의 군대는 이탈리아반도를 휩쓸었지. 로마는 이때를 틈타 카르타고를 공격했어. 위기에 빠진 카르타고 왕은 서둘러 한니발의 군대를 불러들였지만 로마군에게 패하고 말았지. 로마는 많은 영토와 보상금을 받고 물러났어. 기원전 149년, 다시 전쟁이 일어나 로마군이 카르타고를 정복하면서 로마-카르타고 전쟁은 로마의 승리로 끝났지. 이렇게 해서 로마는 지중해 서쪽 지역을 완전히 장악했어.

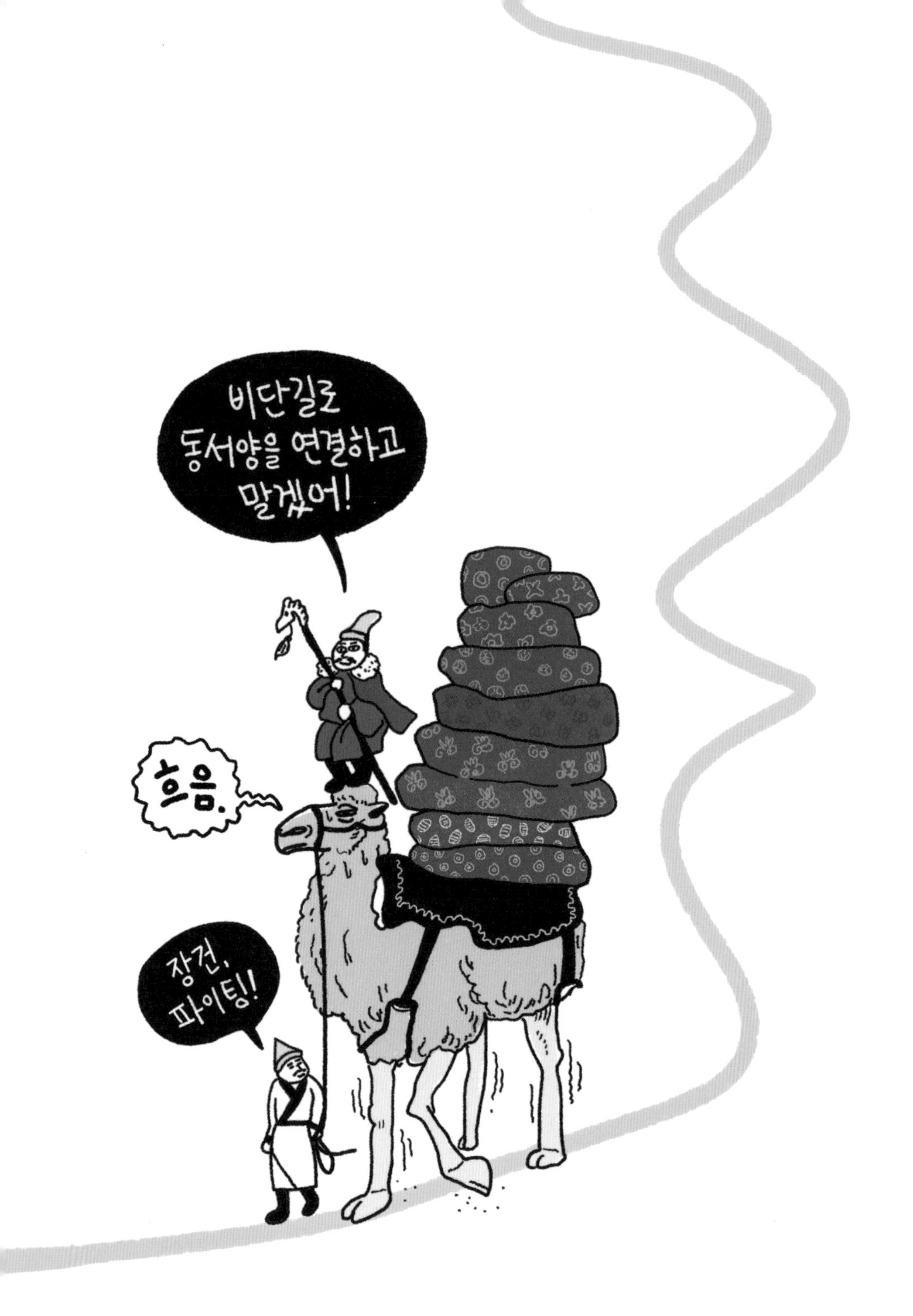
비단길로
동서양을 연결하고
말겠어!
흐음.
장건,
파이팅!

동서양을 처음으로 연결한 비단길

중국은 진나라가 멸망한 후에 황제 자리를 노리는 사람들이 군사를 일으켜 서로 싸웠어. 이 전쟁에서 승리한 사람은 유방이야. 유방은 한나라를 세우고 초나라를 세운 항우와 끝까지 싸웠어. 기원전 202년, 유방은 항우의 군대를 물리치고 중국을 다시 통일했지.

한나라는 7대 황제인 무제 때 전성기를 맞았어. 무제는 능력 있는 관리를 뽑고, 진시황제 때 사라질 뻔했던 유가 사상, 즉 유학을 부활시켰지. 밖으로는 북쪽에서 호시탐탐 중국을 노리는 흉노족을 몰아내는 데 힘썼어. 한반도의 고조선을 멸망시키고 베트남 북부까지 영토도 넓혔지. 또 서쪽에 있는 나라 대월지와 손잡고 흉노족을 몰아내기 위해 신하 장건을 사신으로 보냈어. 대월지는 서쪽 멀리에 있었는데, 장건이 그를 만나기 위해 걸었던 길은 서쪽 여러 나라와 무역할 수 있는 길이 되었지. 이 길을 통해 서쪽 나라에서 포도, 호두, 석류와 같은 새로운 물건이 중국으로 들어왔고, 중국의 비단이 서쪽 나라들로 전해졌어. 중국의 비단은 이 길을 따라서 로마까지 들어갔다고 해. 사람들은 이 길을 비단길, 영어로 실크 로드라고 불렀어.

이 시기에 한나라의 수도인 장안은 세계에서 가장 큰 도시였고, 외국 상인과 사신이 북적였으며, 시장에는 서쪽 나라에서 온 진귀한 물건들이 많았지.

로마, 황제의 나라가 되다

카르타고를 제압한 로마는 이제 두려울 게 없었어. 아프리카 북부를 포함하여 지중해 지역 모두를 차지하고, 지금의 영국, 프랑스 땅과 서아시아까지 영토를 넓혔어. 로마는 드넓은 영토를 다스리기 위해 많은 도로를 만들었는데, 모든 도로가 로마로 연결되었지. 이 길을 통해 로마는 세금을 걷고 군대를 이동했으며, 무역도 했어.

로마는 일찍부터 귀족과 평민 모두의 의견을 존중하는 공화정이 발달했어. 그런데 권력을 잡으려는 군인 정치가들의 등장으로 내전이 자주 일어났지. 기원전 1세기 중반, 영토를 크게 넓힌 장군이자 정치가인 율리우스 카이사르와 다른 2명이 권력을 잡았어. 이것을 1차 삼두 정치라고 해. 그런데 카이사르는 경쟁자 2명을 누르고 로마 최고 권력자가 되었지. 그는 여러 개혁 정치를 펼치며 로마 시민의 인기를 한 몸에 받았어. 하지만 기원전 44년, 공화정을 지키려는 반대파에게 암살당하고 말아.

카이사르의 양자인 옥타비아누스도 다른 2명과 함께 공동 통치를 했는데, 이것을 2차 삼두 정치라고 해. 하지만 그도 다른 경쟁자를 물리치고 로마의 일인자가 되었지. 그는 가장 존엄한 자를 뜻하는 아우구스투스라는 호칭을 받았어. 이제 로마는 황제가 다스리는 제국이 된 거야. 아우구스투스 황제는 나라를 잘 다스려 로마 제국을 더욱 발전시켰어.

로마 제국의 박해를 받으며 성장한 크리스트교

기원전 4년경, 로마 제국의 지배를 받는 이스라엘의 작은 도시 베들레헴에서 유대인 예수가 태어났어. 예수는 30세 때쯤부터 사람들에게 가르침을 베풀기 시작했지. 그는 신에 대한 믿음과 이웃에 대한 사랑을 실천하는 사람은 누구나 구원받을 수 있다고 가르쳤어. 유대인들은 자기들만이 신의 선택을 받았다고 생각했으므로 예수의 주장을 받아들이기 힘들었지. 하지만 예수를 따르는 사람들이 점점 늘었어. 유대인 종교 지도자들은 예수를 가만두지 않았지. 그를 십자가에 못 박아 죽인 거야.

예수를 따르던 제자들은 예수의 가르침을 널리 퍼뜨렸어. 특히 로마 시민인 사도 바울은 소아시아에서 마케도니아까지 예수의 가르침을 전파했지. 예수의 가르침을 믿는 이 종교가 바로 크리스트교야.

크리스트교를 믿는 사람들 중에 많은 사람이 로마 제국의 박해를 받아 목숨을 잃었어. 하지만 크리스트교를 믿는 신자는 늘어만 갔고, 로마 제국의 몇몇 도시에 그들의 공동체가 만들어졌지. 313년, 로마 제국의 콘스탄티누스 황제는 크리스트교를 인정했어. 자유를 얻은 크리스트교는 더욱 멀리 퍼져 나가 결국 로마 제국의 국교가 되었지. 그 후, 크리스트교는 서양 문화에 가장 큰 영향을 끼친 종교가 되었어.

로마 제국의 전성기가 지나가다

아우구스투스 황제의 뒤를 이은 로마의 황제 중에는 유능한 황제만 있는 게 아니었어. 네로와 같은 폭군 황제 때문에 나라가 큰 혼란을 겪기도 했지. 96년, 황제 자리에 오른 네르바는 현명한 사람에게 황제 자리를 물려주기 시작했어. 이후 4명의 현명한 황제가 로마를 통치하면서 로마는 어느 때보다도 평화로운, 최고의 전성기를 누렸어. 이 시기를 5명의 현명한 황제를 뜻하는 오현제 시대라고 불러. 하지만 오현제의 마지막 황제인 마르쿠스 아우렐리우스는 아들에게 황제 자리를 물려주었어. 이때부터 로마는 혼란을 겪고 내리막길을 걷게 되지.

이 무렵, 패망한 페르시아 제국 땅은 두 쪽으로 나뉘어 있었어. 페르시아 서부는 로마가, 페르시아 동부와 인도 북서부는 파르티아 제국이 다스리고 있었지. 파르티아 제국은 로마와 맞설 만큼 강한 나라였어. 하지만 로마와 힘겨운 싸움을 계속하면서 국력이 점점 약해졌지. 결국 226년, 내부에서 반란이 일어나 망하고, 그 땅에는 사산 왕조 페르시아가 들어섰어. 사산 왕조 페르시아는 주변 나라를 정복하고 단숨에 옛날 페르시아 영토를 회복했지. 그리고 로마 영토인 시리아와 튀르키예 땅까지 공격하여 점령했어. 이제 내리막길을 걷는 로마에게 강력한 적수가 나타난 거야.

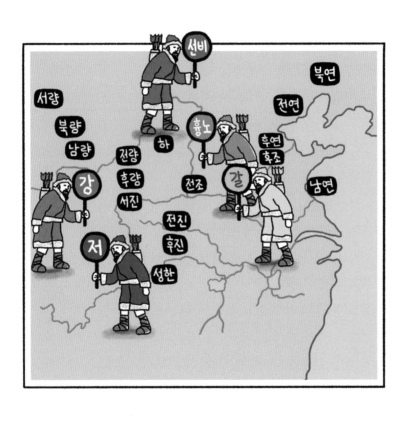

유목 민족들이 중국을 차지하다

2세기 후반, 중국 한나라는 매우 혼란스러웠어. 정부는 부패했고, 환관과 외척이 권력을 장악했으며, 어린 황제가 즉위했다 일찍 죽는 일이 잦았지. 백성의 삶도 무척 힘들었어. 그러자 184년, 장각이 농민을 모아 반란을 일으키는데, 이들을 황건적이라고 불렀지. 황건적의 난은 간신히 진압되었지만, 황실은 더욱 엉망이 되었어. 환관과 외척들이 서로 죽이는 싸움을 벌이면서 결국 한나라는 몰락하고 말아. 그러자 유비, 조조, 손권은 각각 촉, 위, 오나라를 세우고 중국을 차지하기 위해 싸웠어. 그중 힘이 가장 강했던 위나라가 진나라로 이름을 바꾸고, 삼국을 통일하면서 최후 승리자가 된 거야.

중국이 혼란한 틈을 타 유목 민족인 흉노족이 중국을 넘보기 시작했어. 그중 일부가 중국으로 들어와 304년, 한이라는 나라를 세웠지. 한이 진나라까지 점령하자, 진나라 황족은 남쪽으로 도망가 다시 진나라를 세웠는데, 이 나라를 동진이라고 불러.

한을 시작으로 중국 땅은 다른 민족들의 차지가 되었어. 중국 중부와 북부 지역에 한족 이외에 흉노족, 갈족, 저족, 강족, 선비족의 5개의 이민족이 약 130년 동안 16개의 나라를 세웠거든. 이 시기를 5호 16국 시대라고 부르는데, 많은 나라가 세워지고 망하기를 반복했지. 선비족이 세운 북위가 나머지 나라들을 누르고 승리하면서 439년, 5호 16국 시대는 막을 내렸어.

로마 제국이 동로마와 서로마로 갈라지다

3세기, 내리막길을 걷는 로마 제국은 황제 자리를 차지하려는 다툼이 끊이지 않았고, 황제가 살해되기도 했어. 로마 제국의 넓은 땅을 나누어 다스리던 군대 사령관들이 서로 황제가 되려고 나서면서 약 50년간 군인 26명이 황제가 되었다가 사라지는 일이 벌어져. 로마 제국은 정말 혼란스러웠지. 284년, 황제가 된 디오클레티아누스가 이 혼란을 감재웠어. 그는 로마 영토가 너무 넓어서 이런 혼란이 생긴다고 생각하고 293년, 로마 제국을 동방과 서방으로 나누었어. 그리고 동방과 서방에 각각 황제와 부황제를 따로 두어 4분할 정치가 이루어지도록 했지.

312년, 콘스탄티누스 1세가 공동 황제를 거쳐 단독 황제 자리에 올랐어. 그는 330년, 로마 제국의 수도를 로마에서 현재의 튀르키예의 이스탄불인 비잔티움으로 옮기고 콘스탄티노폴리스라 불렀지. 드넓은 제국의 영토를 통치하는 데 이점이 많고 제국에 맞서는 외부의 적을 막는 데도 유리하다는 이유였어. 이제 로마 제국의 중심은 로마와 콘스탄티노폴리스로 나뉜 거야.

콘스탄티누스 1세가 세상을 떠나자, 황제가 되려는 권력 투쟁은 다시 시작되었어. 379년, 황제가 된 테오도시우스는 사실상 로마 제국의 동방과 서방을 함께 다스렸지. 이후에 그가 두 아들에게 동방 황제와 서방 황제 자리를 각각 물려주면서 로마 제국은 동로마와 서로마로 완전히 나뉘었어.

게르만족이 서로마 제국을 무너뜨리다

4세기 무렵, 중앙아시아에 살던 유목 민족인 훈족은 서쪽으로 이동했어. 그들은 볼가강을 건너 유럽에 도착했고, 다뉴브강 하류에 사는 게르만족의 한 종족인 서고트족을 위협했지. 게르만족은 북유럽과 유럽 중동부에서 농사를 짓고 목축업을 하며 살았어. 서고트족은 훈족을 피해 로마 제국의 땅으로 도망쳤지. 이렇게 게르만족이 동쪽에서 온 훈족에게 밀려 200년에 걸쳐 로마 제국의 땅으로 이동했는데, 이 사건을 게르만족의 대이동이라고 해.

처음에 로마 제국은 서고트족을 순순히 받아 주다가, 많은 세금을 걷는 등 점점 가혹하게 다루었지. 그러자 서고트족은 다른 게르만족과 힘을 합쳐 반란을 일으켜. 378년, 서고트족은 로마 군대와 싸워 크게 승리했지. 결국 로마는 서고트족에게 땅을 떼어 주었어. 다른 게르만족도 로마 제국의 땅을 얻으려 하자, 어쩔 수 없이 로마 제국은 그들에게도 땅을 떼어 주었지.

얼마 후, 이번에는 훈족이 직접 서로마 제국으로 쳐들어왔어. 451년, 서로마는 게르만족으로 구성된 용병 군대와 연합군을 만들어 가까스로 훈족의 공격을 막아 냈지. 그런데 이 게르만족 용병 군대가 문제였어. 476년, 게르만 용병 군대의 대장 오도아케르는 서로마 제국의 황제를 끌어내리고 스스로 이탈리아의 왕이 되었거든. 이렇게 해서 서로마 제국이 멸망하고, 이때부터 유럽은 중세 시대에 들어서게 돼.

서유럽을 차지한 프랑크 왕국

서로마 제국을 무너뜨린 게르만족은 5세기 중반 무렵, 자기들이 차지한 땅에 왕국을 세우기 시작했어. 지금의 프랑스 북부에는 프랑크 왕국, 영국에는 앵글로 색슨족이 세운 7왕국, 에스파냐에는 서고트 왕국, 이탈리아와 오늘날의 세르비아 일부 지역에는 동고트 왕국, 아프리카 북부에는 반달 왕국을 세웠지. 이 왕국들은 오래가지 못하고 대부분 6~8세기에 멸망했어.

하지만 프랑크 왕국만은 달랐어. 프랑크 왕국은 크리스트교를 받아들여 국교로 삼고, 로마 사람들과 친하게 지냈지. 그러자 프랑크 왕국은 로마 교회의 지원을 받고, 동로마 제국의 인정도 받으며 힘을 키울 수 있었어. 덕분에 프랑크 왕국은 과거 서로마 제국의 영토였던 서유럽의 많은 부분을 차지할 수 있었지.

그런데 프랑크 왕국을 세운 프랑크족은 모든 자식에게 영토를 나누어 주는 풍습이 있었어. 프랑크 왕국을 세운 클로비스왕도 죽으면서 4명의 아들에게 영토를 나눠 주었어. 이렇게 프랑크 왕국은 분열되었다가 다시 막내아들에 의해 통일되었지. 이런 일이 반복되면서 프랑크 왕국은 더 성장하지 못했고, 왕실은 나라를 다스리는 일보다는 권력 투쟁에 관심이 더 많았어. 대신 왕의 토지를 관리하던 궁재가 귀족을 뽑고 군대를 지휘하는 등 막강한 힘을 가지게 됐지.

남북조 시대의 혼란을 수나라가 끝내다

중국 북쪽에 유목 민족이 5호 16국을 시작했을 때, 남쪽은 삼국을 통일했던 진나라의 황족이 내려와 동진을 세웠다고 이야기했지? 그런데 동진도 얼마 가지 못해 무너지고 송나라가 세워졌어. 중국 북쪽은 유목 민족이 세운 북위가 차지하고, 남쪽은 송나라가 차지한 이 시기를 남북조 시대라고 불러. 무척 혼란스러운 시기였어. 북쪽의 북위가 사라지고 동위와 서위가 생겼다가 동위는 북제로 넘어가고, 서위는 북주로 넘어갔지. 다시 북주는 북제를 무너뜨렸어. 남쪽도 마찬가지야. 송나라는 부패와 권력 다툼으로 망하고, 제나라, 양나라가 순차적으로 생겼다가 사라지고 진나라가 세워졌어.

한편 중국 북쪽을 차지한 유목 민족은 원래 그 땅에 살던 한족의 마음을 얻기 위해 농사지을 땅을 나눠 주고 불교를 적극적으로 받아들였어. 남쪽에서는 귀족들이 혼란한 세상에 쉽게 죽을 수 있다는 생각에 벼슬길로 나가지 않은 채 예술에 힘써 귀족 문화를 발달시켰지.

581년, 양견이 북주를 무너뜨리고 중국 북쪽을 차지했어. 이 세력이 세운 나라가 수나라야. 수나라가 남쪽의 나라까지 정복하여 중국을 통일하면서, 150년간 계속된 남북조 시대는 끝나고 말아. 양견은 수나라 황제가 되어 나라의 곳간을 채우고 시험을 통해 관리를 선발하는 제도를 시작하는 등 나라를 잘 다스렸는데, 그를 수 문제라 불러.

종교와 정치가 하나인 이슬람이 탄생하다

610년, 지금의 사우디아라비아의 메카에는 무역을 통해 큰돈을 번 40세의 무함마드가 있었어. 그는 무역을 위해 이곳저곳을 다니다 불평등한 세상과 온갖 우상을 숭배하는 사람들을 보고 삶의 진리에 대해 고민했어. 그는 메카 근처의 한 동굴로 들어가 진리를 찾기 위해 기도했지. 그러다가 천사의 계시를 받고, 알라 이외에는 신이 없다는 깨달음을 얻게 돼. 무함마드는 메카 사람들에게 알라만을 섬겨야 하고, 알라 앞에 모든 사람이 평등하다는 가르침을 펼쳤지. 하나둘 그를 따르는 사람들이 생겼지만, 우상을 숭배하던 메카의 귀족들은 그를 죽이려 했어. 622년, 무함마드는 어쩔 수 없이 자신을 따르는 사람들과 함께 메카를 떠나 메디나로 갔어. '헤지라'라고 하는 이 사건으로 이슬람교가 시작되었다고 해.

무함마드는 메디나에서 이슬람 공동체를 만들었어. 이슬람교를 믿는 사람이 점점 늘어나자, 메카의 귀족들은 군대를 이끌고 메디나로 쳐들어왔어. 무함마드는 군대를 만들어 그들을 막았고 630년, 오히려 메카를 점령해 버려. 그 후에 아랍의 여러 부족이 그를 지도자로 인정하고 이슬람교를 자기들의 종교로 받아들이지. 아랍 지역은 이슬람교를 중심으로 거대한 공동체를 이룩하게 돼. 무함마드가 죽은 후, 이슬람 교단에서는 새로운 지도자인 칼리프를 뽑고, 이슬람 공동체는 점점 커져서 이슬람 제국으로 발전해.

수나라를 무너뜨린 당나라의 발전

중국 수나라 문제는 나라를 잘 다스리다 아들 양제에게 황제 자리를 물려주고 세상을 떠났어. 수 양제는 욕심이 많았지. 수도를 옮겨 화려한 궁궐을 짓고, 중국을 남북으로 연결하는 길이 1,900km의 대운하를 건설했어. 백성들이 공사에 동원되어 고난을 겪었지. 게다가 612년, 수많은 군사를 동원하여 고구려를 침략했다가 패하고, 1년 후에 다시 침략했지만, 마찬가지였어. 공사와 군대에 동원되어 지칠 대로 지친 백성들은 더 이상 참을 수 없었지. 전국에서 반란이 일어나 수나라는 무너지기 시작했어.

617년, 북쪽 국경을 지키던 군대의 지휘관 이연이 반란을 일으켜 수나라 궁궐로 향했어. 그는 궁궐을 점령하고 양제의 손자를 새로운 황제로 임명했지. 618년에는 이연이 스스로 황제의 자리에 오르고 나라 이름을 당으로 고쳤어. 중국 역사에서 수나라는 사라지고 당나라가 시작된 거야.

이연의 뒤를 이어 황제가 된 태종 이세민은 당나라를 강한 나라로 만들었어. 나라의 재정을 튼튼히 하고, 시험을 통해 관리를 선발하는 과거 제도를 시작하여 귀족의 힘을 누르고 황제의 힘을 키웠어. 태종의 뒤를 이은 고종은 신라와 함께 백제와 고구려를 멸망시키고 서쪽으로도 영토를 크게 넓혔지. 그 뒤에도 당나라는 크게 번영했어. 당나라는 실크 로드를 따라 이슬람 국가들과 무역도 활발하게 해 나갔지.

오늘의 그림일기

제목: 이슬람교의 상징, 달과 별

이젠 이슬람의 전성시대다!

모	스	크		꼭	대	기	나	
첨	탑	에		달		모	양	이
많	다	.	이	슬	람	과		관	련
된		곳	에	는		대	부	분
달	과		별	이		있	다	.	신
기	하	다	.					

이슬람, 대제국을 건설하다

이슬람 제국은 점점 세력이 커졌어. 동로마 제국을 밀어내고 시리아 땅과 이집트 알렉산드리아를 빼앗았고, 동쪽의 사산 왕조 페르시아로부터 메소포타미아 일대를 빼앗았어. 651년에는 아예 사산 왕조 페르시아를 멸망시키고 지금의 이란 땅을 차지했지. 이슬람 제국은 멈추지 않고 동로마 제국을 계속 밀어내어 아프리카 북부 지역을 거의 다 차지했어.

그런데 옴미아드 가문이 쿠데타를 일으켜 칼리프를 차지하면서 이후 칼리프를 세습하게 되었지. 이제 칼리프는 왕과 같은 권력을 가지게 된 거야. 8세기 초반, 이슬람 제국의 옴미아드(우마이야) 왕조는 최고의 전성기를 누렸어. 인도 북서 지역에서 아프리카 북부와 지금의 에스파냐 땅인 이베리아반도에 이르는 대제국이 되었지.

그런데 이슬람 제국 안에서 무함마드의 사촌이자 사위인 알리와 그 자손만이 칼리프가 되어야 한다고 주장하는 사람들이 나타났어. 이들을 시아파라고 불러. 그 반대편은 수니파라고 하는데, 옴미아드 왕조도 포함돼. 둘 사이에 싸움이 시작되었고, 급기야 전쟁으로 번졌어. 결국 시아파가 지지하는 아바스 집안이 옴미아드 왕조를 밀어내고 칼리프를 차지하지. 이슬람 제국에 아바스 왕조가 새롭게 시작된 거야. 쫓겨난 옴미아드 왕조는 이베리아반도로 도망쳤고 그곳에서 후옴미아드 왕조를 세워.

쇠퇴한 동로마 제국에 등 돌린 로마 교회

이슬람 제국이 강해지자 동로마 제국은 점점 위축되었어. 이슬람 제국은 동로마 제국과 계속 싸워 이기며 영토를 빼앗았지. 그렇다고 동로마 제국이 물러서기만 한 건 아니야. 동로마 제국은 740년, 소아시아 아크로이논에서 이슬람 제국과 싸워 이겼는데, 이 승리를 통해 이슬람 제국이 유럽 동쪽으로 들어가는 길을 막았지. 하지만 이제 동로마 제국은 과거의 넓었던 영토를 거의 빼앗기고 콘스탄티노폴리스 주변, 즉 지금의 그리스와 튀르키예 영토 일부만을 차지했어.

게다가 게르만족이 지배하는 지역에 있는 로마 교회는 점점 동로마 제국에게서 벗어나려 했어. 로마 교회는 게르만족이 크리스트교를 믿게 하려면 동상이나 조각처럼 눈에 보이는 예수 모습이 있어야 한다고 생각했지. 그래서 예수나 성인의 모습을 동상이나 조각으로 만들었어. 그런데 성경에서는 이런 동상과 조각을 우상으로 여겼어. 동로마 제국 황제는 크리스트교의 기본 정신을 어길 수 없다며 로마 교회에 우상을 파괴하라는 명령을 내렸어. 하지만 로마 교회는 그 명령에 따르지 않았지. 결국 로마 교회와 동로마 교회는 서로 등을 돌렸고, 11세기에 들어서면서 로마 교회와 동로마 교회는 완전히 갈라섰어. 로마 교회와 동로마 교회는 각각 지금의 가톨릭과 동방 정교회로 이어져.

최대 전성기를 맞은 프랑크 왕국

유럽의 프랑크 왕국은 왕 대신에 궁재가 나라를 이끌었다고 이야기했지? 8세기 프랑크 왕국에는 카를 마르텔이라는 궁재가 있었어. 이때 이베리아반도에 있는 이슬람 군대가 피레네산맥을 넘어 쳐들어왔어. 732년, 카를 마르텔은 왕 대신에 군대를 이끌고 푸아티에 평원에서 이슬람 군대와 싸워 승리를 거두었어. 카를 마르텔은 프랑크 왕국을 구한 영웅이 되었고, 이제 왕을 끌어내릴 힘을 갖게 된 거야. 그는 왕 자리를 노리지 않았지만, 그를 이어 궁재가 된 아들 피핀은 달랐지. 피핀은 왕을 끌어내리고 스스로 왕이 되었어. 이때부터 프랑크 왕국에 카롤루스 왕조가 시작된 거야.

피핀은 로마 교회를 위협하던 랑고바르드 왕국을 정복하고 이 땅을 로마 교회에게 주었어. 로마 교황을 완전히 자기편으로 만들었지. 로마 교황도 동로마 제국과 사이가 안 좋아서 응원군이 필요했거든.

피핀의 뒤를 이어 왕이 된 샤를마뉴(카를 대제) 때 프랑크 왕국은 최고의 전성기를 맞이했어. 유럽 역사에서 서로마 다음으로 넓은 영토를 차지하고, 멸망한 서로마의 문화를 부활시키려 노력했지. 800년, 로마 교황은 샤를마뉴를 새로운 황제로 만들었어. 이제 로마 교황은 동로마 제국 대신 프랑크 왕국을 로마 제국의 후계자로 인정하겠다고 마음먹은 거야.

동프랑크 왕국이 신성 로마 제국이 되다

　프랑크 왕국의 샤를마뉴(카를 대제)의 뒤를 이어 왕이 된 루트비히 1세는 아들들에게 왕국을 나눠 주었어. 첫째 아들은 왕국의 중부 지역, 둘째 아들은 동부 지역, 셋째 아들은 서부 지역을 가졌지. 그런데 루트비히 1세가 세상을 떠나자 아들들이 서로 더 많은 영토를 차지하려고 전쟁을 벌였어. 결판이 안 나는 전쟁이 계속되자 귀족들의 불만이 높아 갔지.

　결국 843년, 아들들은 전쟁을 끝내고 서로 완전히 다른 왕국이 되기로 조약을 맺었어. 이 조약을 베르됭 조약이라고 해. 이 조약에 따라 프랑크 왕국은 서프랑크, 동프랑크, 중프랑크로 나뉘었어. 그런데 얼마 지나지 않아 중프랑크에서 카롤루스 왕조의 왕이 죽자 서프랑크와 동프랑크는 서로 중프랑크를 차지하기 위해 전쟁을 벌였어. 결국 서프랑크와 동프랑크는 영토가 커졌고, 중프랑크는 아주 작은 나라로 쪼그라들었지.

　동프랑크의 왕 오토 1세는 로마 교회와 사이가 아주 좋았어. 그는 로마 교황을 보호하기 위한 군대를 보내 주기도 했지. 그러자 962년, 로마 교황은 오토 1세를 로마 제국의 황제로 임명했어. 동프랑크가 로마 제국으로 부활하여 신성 로마 제국이 되었다고 선언한 거야. 반면에 서프랑크는 카롤루스 왕조가 끊겨 새로운 왕조인 카페 왕조가 들어섰고, 훗날 프랑스로 발전하게 돼.

유럽 곳곳으로 퍼져 나간 바이킹

9세기 이후, 북유럽 스칸디나비아반도에 살던 북게르만족 일부는 배를 타고 해안을 따라 내려왔어. 그들은 바닷가 마을이나 강을 타고 유럽 안쪽 땅까지 가서 장사를 했어. 그러다가 가을 추수 때는 마을을 습격하는 약탈자로 변했지. 그들은 매우 잔인하고 싸움을 잘했어. 유럽 사람들은 그들을 바이킹이라 부르며 무서워했지. 프랑크 왕국에게 이들이 골칫거리였어. 프랑크 왕국이 쪼개진 후에는 서프랑크가 크게 시달렸어.

911년, 서프랑크 왕은 프랑스 북서부 센강 하류 지역 땅을 바이킹에게 내어 주고, 바이킹 우두머리를 노르망디 공으로 임명했어. 바이킹이 더 이상 약탈하지 않고 그곳에서 얌전히 살기를 바랐던 거야. 그들은 그곳에 정착하여 프랑크 말을 배우는 등 프랑크 문화를 받아들이고 크리스트교도 믿었지. 그렇게 노르망디 공국을 세웠어.

한편 일부 바이킹은 지금의 우크라이나 땅으로 가서 슬라브족과 함께 882년, 키예프 지역에 공국을 세웠어. 키예프 공국은 동로마 제국과 교류를 많이 하면서 동방 정교를 받아들였고, 988년에는 동방 정교를 국교로 삼았지. 이 키예프 공국이 러시아의 기원이 돼. 바이킹은 바다를 건너 지금의 영국 땅에도 상륙했어. 처음에는 영국 땅에 살던 사람들이 바이킹에 맞서 싸웠지만, 시간이 지나면서 그들과 같이 섞여 살게 돼.

국방력이 약한 부자 나라, 송나라

중국 당나라는 황제 현종이 양귀비라는 여성에게 반해 정신을 못 차리면서 갑자기 몰락하기 시작했어. 황제가 나랏일을 돌보지 않자 간신들이 권력을 잡아 횡포를 부렸고, 지방에서 군대를 지휘하는 절도사들이 몰래 자기 세력을 키웠지. 그러면서 곳곳에서 반란이 일어나 큰 혼란에 빠졌어. 결국 907년, 절도사 주전충이 당나라를 멸망시키고 후량이라는 새 나라를 세웠어.

그런데 혼란이 계속되었어. 50여 년 동안, 중국 중심부에는 5개의 나라, 그 외 지역에서는 10개의 나라가 차례로 생겼다가 멸망했지. 이때를 5대 10국 시대라 해. 중심부에 생긴 5개 나라 중 마지막 나라인 후주는 내부 반란으로 군을 통솔하던 절도사 조광윤이 새 황제가 되었는데, 그는 나라 이름을 송으로 바꾸고 중국의 혼란을 잠재웠어.

송나라는 절도사 권력을 누르려 지방 군대를 해체하고 지방에 관리를 파견하는 등 중앙 정부의 권한을 강화했어. 그러자 부작용으로 국방력이 약해졌지. 이 틈을 타서 주변 다른 민족이 다시 중국을 넘보기 시작했어. 거란족이 요나라를 세우고 공격했지. 경제가 크게 발전하여 부자였던 송나라는 돈으로 이 공격을 막으려 했어. 많은 재물을 주고 평화 조약을 맺은 거야. 여진족이 세운 금나라도 송나라를 공격했어. 결국 송나라는 금나라에게 수도를 내주고 남쪽으로 내려갈 수밖에 없었지. 이때부터 송나라를 남송이라 불러.

아바스 왕조의 몰락과 셀주크 왕조의 등장

이슬람 제국의 일인자가 된 아바스 왕조는 크게 번영했고, 수도 바그다드는 세계적인 대도시가 되었어. 그런데 드넓은 영토를 통치하는 건 쉬운 일이 아니었지. 9세기 들어 작은 왕조들이 하나둘 독립하기 시작했어. 그들은 아바스 왕조에게 복종했기 때문에 큰 문제는 없었는데, 9세기 후반에는 너무나 많은 왕조가 독립을 선언한 거야. 게다가 주변 민족의 침략이 계속되면서 아바스 왕조는 점점 약해졌지.

909년, 시아파 중 한 파벌이 처음으로 시아파만의 왕국인 파티마 왕조를 세웠어. 파티마 왕조는 세력을 넓혀 이슬람 세계의 새로운 강자가 되었고, 덕분에 시아파는 수니파와 함께 이슬람 세계의 양대 세력이 되었지. 그러면서 10세기 중반부터 아바스 왕조의 칼리프는 종교 지도자로만 대접받았고, 정치적 지도자는 여러 왕조의 술탄(왕)이 맡게 된 거야.

한편 중앙아시아에서 서아시아로 온 튀르크족도 이슬람교를 받아들이고 1038년, 셀주크 왕조를 세웠어. 이들은 주변 왕조들을 순식간에 정복하고 1055년, 아바스 왕조의 수도인 바그다드까지 점령하여 이슬람 세계의 최강국이 되었지. 그런데 아바스 왕조에는 근위병을 비롯해 군인의 많은 수를 차지했던, 맘루크라고 불리는 노예 출신 병사들이 있었는데, 이들이 세력을 키워 따로 맘루크 왕조를 세웠어. 이 왕조는 약 250년간 지속돼.

카노사의 굴욕

교황이 황제에게 판정승을 거두다

1075년, 로마 교황 그레고리우스 7세는 교회에서 일하는 성직자의 임명권을 갖겠다고 선언했어. 그동안 성직자는 황제나 왕들이 뽑았고, 이 성직자들이 교황을 견제해 왔지. 교황은 서서히 힘을 키우면서 황제의 권력을 넘본 거야. 신성 로마 제국의 황제 하인리히 4세는 교황의 선언에 반대했어. 결국 둘은 서로 등을 돌렸고, 교황은 황제를 파문했지. 황제를 크리스트교도로 인정하지 않은 거야. 이때 유럽은 거의 모든 사람이 크리스트교를 믿었으므로 황제가 파문당하자 지방 영주들이 황제에게 등을 돌리기 시작했어. 중세 시대 유럽은 옛날 중국처럼 봉건제로 나라를 다스렸는데, 왕과 계약을 맺고 땅을 받은 영주들이 지방을 다스렸거든.

1077년, 하인리히 4세는 어쩔 수 없이 추운 겨울에 카노사에 있는 교황을 찾아가 눈보라를 맞으며 3일 동안 용서를 빌어야 했어. 이것을 카사노의 굴욕이라고 해. 황제는 간신히 파문을 면했지. 하지만 하인리히 4세도 가만있지 않았어. 군대를 이끌고 로마로 가서 그레고리우스 7세를 쫓아내고 새로운 교황을 앉혔지.

이 싸움은 계속되다가 1122년, 하인리히 4세의 뒤를 이은 하인리히 5세가 칼릭스투스 2세 교황과 화해하게 돼. 결국엔 교황이 성직자 임명권을 차지하면서 교황의 권력은 높아만 갔어.

십자군 전쟁으로
교황의 권위가 떨어지다

11세기, 예루살렘은 이슬람 제국의 땅이었어. 예루살렘은 예수가 십자가에 못 박혀 죽은 곳으로 크리스트교의 아주 중요한 성지였지. 크리스트교도들은 이곳을 자주 방문했지만, 이슬람 제국은 그들을 막지 않았어. 그런데 이곳을 방문하는 크리스트교도들은 이슬람 세력에게 박해를 받는 경우가 많았지. 이미 국력이 쇠약해진 동로마 제국은 셀주크 왕조에게 상대가 되지 않았어. 공격을 받은 동로마 제국은 어쩔 수 없이 로마 교황에게 도움을 요청했어. 교황은 동로마와 사이가 안 좋았지만, 동로마에 자기 영향력을 넓힐 좋은 기회라고 생각했지.

1095년, 로마 교황은 프랑스 클레르몽에서 회의를 열고 예루살렘에서 이슬람 세력을 몰아내는 성스러운 전쟁을 시작하자고 주장했어. 이 주장에 감동한 영주와 기사, 농부, 상인들이 전쟁에 나섰는데, 이들을 십자군이라 하고 이 전쟁을 십자군 전쟁이라고 해. 결국 십자군은 1099년, 예루살렘을 함락했지. 하지만 셀주크 왕조도 가만있지 않았어. 1187년, 힘을 모아 십자군을 몰아내고 예루살렘을 되찾았지. 십자군은 약 180년 동안 7차례 전쟁을 벌였지만, 실패로 끝났어. 게다가 십자군은 도시를 약탈하고 사람을 마구 죽이는 등 나쁜 짓을 일삼았으며, 심지어는 같은 크리스트교를 믿는 동로마를 공격하기도 했지. 이 전쟁으로 로마 교황의 권위가 크게 떨어졌어.

세계를 뒤흔든 몽골 제국

몽골족은 원래 중국 북쪽 초원 지대에 부족별로 흩어져 유목 생활을 했어. 1206년, 테무친이 몽골족을 통일하고 몽골의 왕이라고 할 수 있는 '칸'이 되었어. 그 후, 테무친을 위대한 칸이라는 뜻의 칭기즈 칸이라 불렀지.

칭기즈 칸은 강력한 기병 부대를 이끌고 정복 전쟁을 시작했어. 먼저 주변의 서요와 서하를 정복하고, 오랫동안 몽골족을 괴롭혀 왔던 여진족의 금나라를 공격하여 수도를 점령했지. 그다음 서쪽으로 눈을 돌렸어. 중앙아시아의 호라즘 왕국을 정복하고 계속 밀고 나가 러시아 남부 지역까지 쳐들어갔지. 페르시아를 지나 이슬람 제국의 중심인 서아시아까지 공격하면서 몽골은 넓은 영토를 차지한 대제국이 되었지. 하지만 1227년, 칭기즈 칸은 세상을 떠나고 말았어. 그 뒤를 이은 아들도 정복 전쟁을 멈추지 않았지. 중국의 금나라를 완전히 정복하고, 서쪽으로는 러시아를 정복한 후 폴란드와 헝가리를 넘어 신성 로마 제국까지 위협했어. 또 이슬람 세계의 아바스 왕조와 셀주크 왕조를 굴복시키고 바그다드까지 점령했지.

대제국이 된 몽골은 13세기 중반 이후 원나라와 4개의 한국(汗國)으로 분리되어 칭기즈 칸의 자손들이 각각 다스렸어. 그중 중국 땅에 있는 원나라는 남송을 정복하여 중국을 통일했지. 원나라는 유목 민족이 중국 전체를 지배한 최초의 나라야.

장원의 몰락을 가져온 흑사병의 대유행

십자군 전쟁 이후, 유럽에는 상업이 활기를 띠면서 도시가 발달했어. 도시 인구가 급격히 늘면서 도시 환경은 무척 불결했고 쥐가 들끓었지. 14세기, 이런 유럽에 흑사병이라는 무시무시한 전염병이 덮쳤어. 이 병에 걸리면 피부가 흑색으로 변하면서 죽는다고 해서 흑사병이라고 불렀지. 사실 이 병은 쥐에 붙어사는 벼룩이 병균을 옮기는 페스트라는 전염병이야. 14세기 중반, 흑사병 유행이 가장 심한 몇 년 동안에 유럽 인구의 30%가 목숨을 잃을 정도로 유럽에는 엄청난 충격을 주었어.

당시 유럽은 봉건제에 의해 영주가 농촌 마을을 다스렸는데, 장원이라는 농장에서 농민은 노예처럼 일하고 영주에게 농산물을 세금으로 바쳐야 했어. 그런데 상업의 발달로 세금으로 돈을 받는 영주가 점점 늘었지. 그러자 농민들은 더 열심히 일해서 영주가 원하는 돈을 주고 나머지 이익을 챙길 수 있었어. 농민 중 일부는 이렇게 모은 돈을 영주에게 주고 자유의 몸이 되어 도시로 가기도 했지. 이런 상황에서 흑사병이 번져 인구가 크게 줄면서 일할 농민의 수도 줄어든 거야. 일손이 부족해지자 영주들은 농민들에게 이전보다 더 나은 대우를 해 줘야 했어. 결국 영주의 힘은 약해졌고, 자유민이 되어 도시로 떠나는 농민은 더 많아졌지. 이렇게 유럽 봉건제의 경제 기초가 되었던 장원이 서서히 무너졌어.

다시 한족의 나라가 들어선 중국

몽골족이 중국에 세운 원나라는 그리 오래가지 못했어. 지배층인 몽골족은 한족이 대부분인 중국을 다스리기 쉽지 않았거든. 몽골족은 한족이 반란을 일으키지 못하도록 심하게 억압했지. 한족은 심한 차별 대우를 받았어. 게다가 흉년이 들어 백성이 굶주리자 한족 농민이 반란을 일으킨 거야. 머리에 붉은 수건을 둘러서 홍건적이라 불리는 반란군이 가장 규모가 컸어. 홍건적 지도자 중 한 명인 주원장은 점점 세력을 키우더니 1368년, 명나라를 세우고 황제가 되었지. 명나라는 원나라를 무너뜨리고 몽골족을 북쪽으로 몰아냈어. 이제 중국은 다시 한족이 다스리는 나라가 된 거야.

명나라는 몽골의 풍습과 문화를 없애고 중국 전통을 회복하기 위해 노력했어. 황제의 권한을 강화하고, 과거 제도를 부활했으며, 백성에게 다시 유교 예절을 가르쳤지. 그러면서 정치가 안정되고 문화와 예술이 발달했어. 세 번째 황제인 영락제는 명나라의 이름을 널리 떨치고 여러 나라로부터 조공을 받고자 정화를 시켜 원정대를 꾸렸어. 함대로 이루어진 정화의 원정대는 모두 7번이나 원정을 떠나 동남아와 인도, 아라비아반도를 거쳐 멀리 아프리카에까지 가서 무역을 했지. 도자기와 비단 같은 중국 물건을 선물하고, 그 나라의 값진 물건을 선물로 받았던 거야. 이때 아프리카에서 기린 같은 신기한 동물이 중국으로 전해졌다고 해.

백 년 전쟁으로
왕권이 강화되다

유럽은 교황의 권위가 떨어지고 영주의 힘이 약해지면서 왕의 힘이 강해졌어. 1328년, 프랑스 왕 샤를 4세가 자손 없이 죽자 그의 사촌 동생인 필리프 6세가 왕이 되었어. 그런데 영국 왕 에드워드 3세는 자기가 프랑스 왕이 되어야 한다고 주장했지. 샤를 4세가 그의 외삼촌이었거든. 그때는 유럽 나라들의 왕실이 서로 친척인 경우가 많았어. 프랑스는 그 주장을 무시하고, 한 술 더 떠서 프랑스 영토 안에 있는 영국 땅을 빼앗아 버리면서 1337년, 영국과 프랑스의 전쟁이 시작되었지. 프랑스에 상륙한 영국군은 프랑스군을 무찌르고 승리를 거두었어. 그 후, 계속된 전쟁에서도 늘 영국군이 승리했지.

1428년, 영국군은 오를레앙을 공격했어. 이곳만 점령하면 프랑스 전체를 손아귀에 넣을 수 있었지. 이때, 16세의 소녀 잔 다르크가 프랑스 황태자를 찾아가서 오를레앙을 구하라는 신의 계시를 받았다며 군대를 달라고 했어. 황태자는 잔 다르크의 부탁을 들어주었지. 잔 다르크에게서 큰 용기를 얻은 프랑스군은 영국군을 물리쳤어. 하지만 잔 다르크는 영국군의 포로가 되어 화형을 당했지. 그러자 프랑스군은 더욱 용기를 내어 영국군과 싸운 끝에 1453년, 최후의 승리를 거두었어. 백 년 전쟁이라고 불리는 이 전쟁으로 영주들이 많이 희생되면서 왕의 힘은 더욱 세졌지. 그래서 왕이 직접 나라 전체를 다스리는 중앙 집권 국가가 시작되었어.

오스만 제국, 동로마의 숨통을 끊다

13세기 몽골 제국이 서아시아를 휩쓸고 다닐 때, 지금의 튀르키예 땅인 아나톨리아반도에는 튀르크족이 많이 들어와 살았어. 이전에 들어온 튀르크족도 있었지만, 몽골 군대를 피해 들어온 튀르크족도 많았지. 그래서 이곳에는 튀르크인들이 세운 작은 나라들이 많았어. 그중에는 1299년, 오스만 1세가 세운 나라도 있었어. 그 나라는 힘을 키워 주변 작은 나라들을 흡수하면서 점차 강력한 국가로 성장했는데, 이 나라가 바로 오스만 제국이야.

오스만 제국은 아나톨리아반도를 장악하고, 15세기에 들어와서는 동로마 제국의 영토를 조금씩 빼앗았으며, 헝가리 군대를 물리치고 발칸반도를 장악했지. 1453년에는 동로마 제국의 수도인 콘스탄티노폴리스를 공격했어. 동로마 제국의 숨통을 완전히 끊어 버리려 한 거야. 동로마 제국 황제는 시민들과 함께 성을 지키며 끝까지 저항했지만, 성이 무너지면서 콘스탄티노폴리스는 오스만 군대에게 순식간에 점령당했어. 이렇게 해서 로마 제국의 명맥을 이어가던 동로마 제국은 역사 속으로 사라지고 말았지. 오스만 제국은 콘스탄티노폴리스를 이스탄불로 이름을 바꾸고 수도로 삼았어. 오스만 제국은 계속해서 세르비아, 보스니아, 그리스를 차례로 정복하고 크림반도와 흑해 연안을 차지하며 유럽으로 세력을 넓혀 갔지. 이렇게 해서 16세기, 오스만 제국은 아시아를 넘어 유럽에도 세력을 떨친 세계 최대 제국이 되었어.

르네상스로 유럽의 중세가 저물어 가다

십자군 전쟁 때, 이탈리아의 몇몇 도시에서는 상인들이 동방과 서방의 물건을 사고파는 무역으로 많은 돈을 벌었어. 무역으로 인해 동양의 우수한 문화와 과학 기술이 유럽으로 많이 수입되었지. 도시에 돈이 모이고 문화가 융성하면서 지식인들이 모여들었어. 게다가 오스만 제국에게 멸망한 동로마 제국의 학자들이 이탈리아로 들어왔는데, 그들은 간직해 오던 고대 그리스·로마 문화를 전파하기 시작했지. 그때만 해도 중세 유럽은 그리스·로마 문화를 새까맣게 잊고 모든 문화에 크리스트교가 자리 잡고 있었거든. 중세 유럽 문화의 중심이 신이라면, 고대 그리스·로마 문화의 중심은 인간이었어. 그리스·로마 문화가 활발해지면서 15세기에 피렌체와 베네치아와 같은 이탈리아의 도시를 중심으로 르네상스가 시작되었지. 르네상스는 '다시 되살아난다'는 뜻으로 인간 중심의 그리스·로마 문화를 되살리려는 운동이야.

르네상스가 일어난 도시에서는 부자 상인들이 철학자와 문학가, 예술가들이 마음 놓고 활동할 수 있게 도와주었어. 그러면서 단테, 레오나르도 다빈치, 미켈란젤로와 같은 예술가와 훌륭한 작품들이 쏟아져 나왔지. 르네상스 운동은 16세기에 독일, 프랑스와 영국 등 다른 나라로도 전파되었어. 이들 나라에서는 중세 사회를 비판하는 작품들이 많이 나타났지. 유럽의 중세 시대는 서서히 저물어 가기 시작했어.

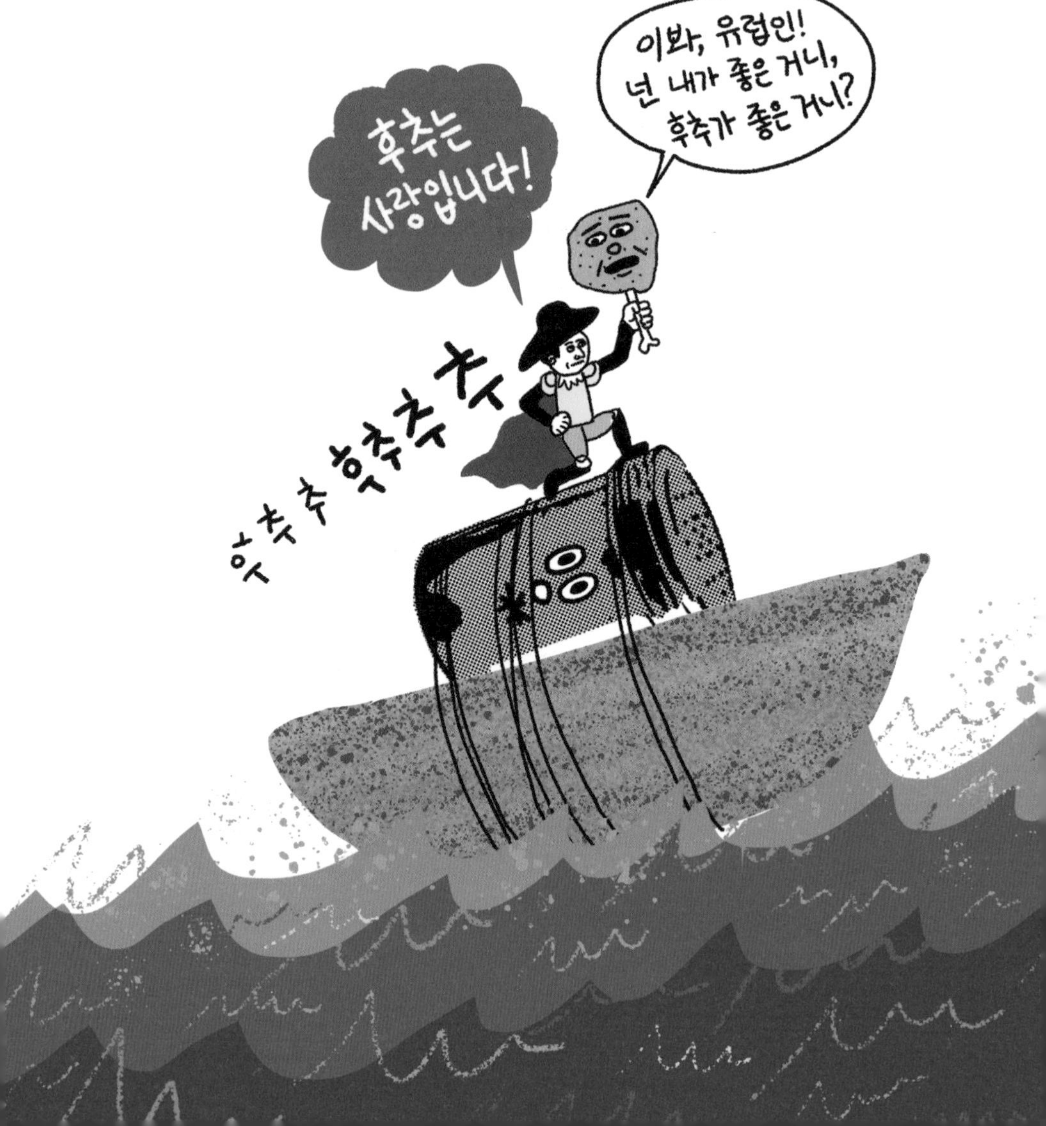
후추는
사랑입니다!
이봐, 유럽인!
넌 내가 좋은 거니,
후추가 좋은 거니?
흐 추 추 흐추추 추

향신료를 찾는 뱃길이 대항해 시대를 열다

오스만 제국이 동로마 제국을 멸망시킨 후, 유럽 사람들은 동서양의 무역이 막힐 수 있다는 두려움에 빠졌어. 그 전까지는 동서양의 중간에 있는 이슬람 세계의 상인들이 무역을 통해 인도의 후추, 계피와 같은 향신료를 유럽에 전해 주었어. 고기를 주로 먹는 유럽 사람들은 고기의 누린내를 없애 주는 향신료의 매력에 푹 빠졌던 거야. 그런데 향신료 수입이 막히면, 유럽에선 아무리 돈이 있어도 향신료를 살 수 없게 돼. 게다가 동서양 무역을 이탈리아가 거의 독점하는 것도 불만이었지. 유럽 사람들은 향신료를 구하기 위해 배를 타고 아프리카를 돌아서 인도로 갈 생각을 했어. 마침 이때 유럽에 중국의 나침반이 전해졌고 대형 선박을 만들 수 있는 조선술도 발달했거든.

그 생각을 가장 먼저 실천한 나라는 포르투갈이었어. 15세기 초반부터 포르투갈 엔히크 왕자의 지원을 받은 포르투갈 탐험대는 배를 타고 아프리카를 따라 남쪽으로 내려갔어. 이때부터 대항해 시대가 시작된 거야. 그들은 1488년에 아프리카 남쪽 끝에 있는 희망봉을 발견했고, 희망봉을 돌아 항해를 계속하여 1498년에 인도 캘리컷에 도착했어. 이렇게 해서 이베리아반도의 작고 가난한 나라인 포르투갈은 인도의 향신료를 실어다 유럽에 팔면서 부자 나라가 되었지.

인도를 가려다 발견한 아메리카 대륙

포르투갈에 이어 대항해 시대를 연 나라는 이웃 나라인 에스파냐였어. 원래 이베리아반도에는 포르투갈, 카스티야, 아라곤 등의 나라만 있었어. 그런데 카스티야의 이사벨 공주와 아라곤의 페르난도 왕자가 결혼하면서 1479년, 두 나라가 합쳐져 에스파냐가 탄생한 거야.

인도로 가는 뱃길을 개척한 포르투갈에 자극받은 에스파냐의 이사벨 여왕은 인도로 향하는 또 다른 뱃길을 개척하려고 했지. 때마침 이탈리아의 탐험가 콜럼버스가 찾아와 기존의 뱃길과 반대 방향인 대서양을 넘어 인도로 가는 뱃길을 개척하겠다고 제안했어. 이때 유럽 사람들은 이미 지구가 둥글다는 것을 알고 있었거든. 이사벨의 지원을 받은 콜럼버스의 탐험대는 세 척의 배를 타고 대서양으로 나갔어. 1492년, 아메리카 대륙의 서인도 제도에 도착했는데, 콜럼버스는 이곳을 신대륙이 아니라 아시아 땅이라고 생각했지. 이곳에서 콜럼버스는 향신료를 구하지 못했지만, 금과 은을 발견했어. 이곳이 신대륙임을 알아낸 사람은 1507년, 아메리고 베스푸치였어. 그래서 그 사람의 이름을 따서 아메리카 대륙이라 부르는 거야.

16세기부터는 에스파냐가 대항해 시대를 주도했어. 에스파냐의 지원을 받은 마젤란 탐험대는 배를 타고 대서양과 태평양을 건너 세계 일주에 성공하기도 했지.

로마 교회에 맞서 일어나는 종교 개혁

유럽은 르네상스가 퍼지면서 교회와 교황의 권위를 다시 보기 시작했어. 당시 교회는 타락하여 재산을 불리는 데만 신경 쓰고 옳지 않은 일을 저지르고 있었거든. 교황청은 벌을 면해 주는 증서인 면벌부를 팔기도 했는데, 아무리 많은 죄를 지어도 면벌부를 사면 천국에 갈 수 있다는 거야.

이때, 신성 로마 제국이었던 독일에서는 교회 권력이 너무 커서 사람들의 불만이 많았어. 그런데 로마 교황청과 협약을 맺은 한 귀족 가문이 교황청을 대신해 면벌부를 팔고 수입금 일부를 교황청에 주기로 한 거야. 그러자 1517년, 신학 교수이자 성직자였던 마르틴 루터는 독일 비텐베르크 교회 정문에 면벌부를 비난하는 반박문을 붙였어. 반박문은 총 95개 조항으로 로마 교회를 정면으로 비판하는 글이었어. 15세기 구텐베르크가 개발한 인쇄기 덕분에 반박문은 독일 전 지역으로 퍼져 나갔지. 로마 교황은 루터를 파문했지만, 그는 굴복하지 않았어. 독일에서 루터를 따르는 사람들이 생기면서 종교 개혁이 시작된 거야. 루터는 모든 권위는 성서에서만 나온다고 생각하고 성서를 독일어로 번역하여 사람들에게 보급했어. 이때도 인쇄술이 큰 힘이 되었지. 독일에서 시작된 종교 개혁은 다른 나라로 퍼져 나갔어. 종교 개혁을 따르는 사람들은 저항을 뜻하는 '프로테스탄트(개신교)'라고 불렸고, 이와 구별해 로마 교회는 가톨릭이라 불렸어.

아메리카 대륙을
식민지로 만든 유럽

16세기, 유럽의 몇몇 나라는 세계를 휘젓고 다녔어. 특히 신대륙 아메리카가 그들의 주요 무대가 되었지. 포르투갈은 지금의 브라질 땅을 차지했고, 에스파냐는 브라질 땅을 제외한 남미 대륙 대부분을 차지했어. 북아메리카에는 에스파냐가 먼저 진출했지만, 프랑스와 영국도 뒤를 따랐어. 중앙아메리카에도 에스파냐와 영국, 네덜란드 등이 진출했지.

아메리카 대륙에는 이미 오래전부터 문명이 발달해 왔어. 지금의 멕시코 땅에는 아스테카 문명, 중앙아메리카에는 마야 문명 그리고 지금의 페루 땅에는 잉카 문명이 있었거든. 그런데 에스파냐 원정대가 이곳에 들어오면서 원주민을 닥치는 대로 죽이고 노예로 삼아 이 문명들은 철저히 파괴되었어. 수백 명에 불과했던 에스파냐 원정대가 이런 엄청난 일을 할 수 있었던 원인은 그들이 가져온 천연두와 홍역과 같은 전염병 때문이었어. 신대륙에 퍼진 그 전염병은 매우 치명적이었는데, 원주민은 한 번도 겪어 보지 못한 전염병이라서 이겨 낼 수 없었지.

아메리카를 식민지로 만든 유럽 나라들은 그곳에서 일할 사람이 필요했어. 그래서 유럽 상인들은 아프리카에서 총이나 면직물 등을 팔고 노예를 사서 배에 싣고 아메리카로 데려가 팔았어. 이 시기에 수많은 아프리카 사람들이 노예가 되어 아메리카로 끌려갔던 거야.

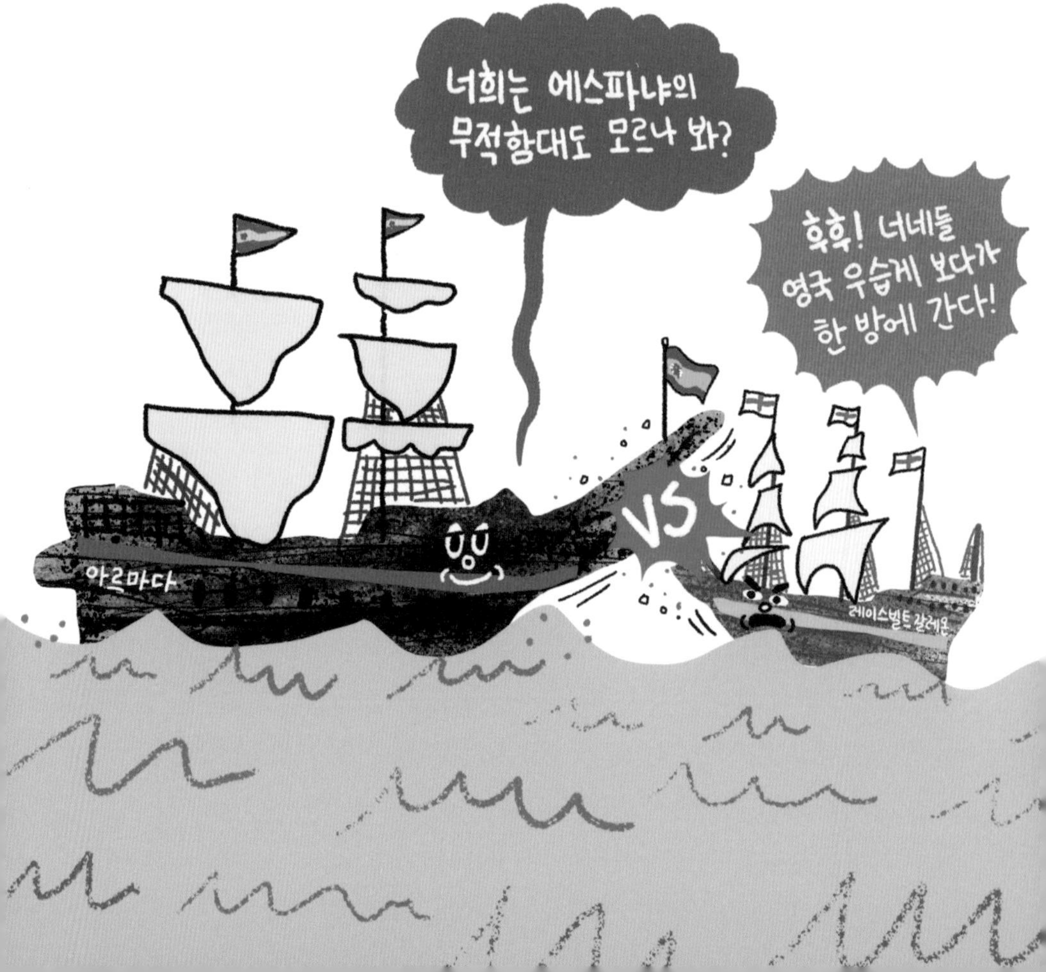
너희는 에스파냐의 무적함대도 모르나 봐?
흐흐! 너네들 영국 우습게 보다가 한 방에 간다!
아르마다
VS
레이스빌트 갤레온

에스파냐의 무적함대 vs 영국의 해적 함대

16세기, 유럽에서는 왕이 강력한 권력을 갖고 중앙 집권 체제로 나라를 다스리는 절대 왕정 시대가 시작되었어. 영국에서는 헨리 7세가 절대 왕정 체제를 세우고 나라를 성장시켰고, 에스파냐에도 절대 왕정 체제가 들어섰어. 에스파냐는 아메리카 대륙에 많은 식민지를 세우고 금과 은, 온갖 자원을 빼앗아 부자 나라가 되었는데, 여기에 펠리페 2세 왕이 절대 왕정 체제를 세워 나라가 더욱 부강해졌지. 이 당시에 에스파냐는 유럽 최고의 해상 강국이었어. 에스파냐 함대는 1571년, 레판토 해전에서 오스만 제국 함대를 격파하고 무적함대로 불리기도 했어.

영국은 헨리 8세 이후 한동안 권력 다툼으로 국력이 약해졌지만, 엘리자베스 1세 여왕이 다시 국력을 키우기 위해 노력했어. 이때 영국의 해적들은 수시로 에스파냐 무역선을 공격했는데, 엘리자베스 1세는 영국의 해적들을 막지 않았어. 오히려 해적들의 약탈을 부추기고 약탈한 재물을 나눠 갖기도 했지. 그러자 1588년, 에스파냐는 영국을 치기 위해 무적함대를 보냈어. 영국 함대는 무적함대에 비해 약했지만, 영국 함대 사령관 드레이크 제독이 전략을 잘 세워 모두의 예상을 깨고 승리를 거두었지. 이 해전을 칼레 해전이라고 해. 그 후, 에스파냐는 내리막길을 걷기 시작했고, 영국은 유럽의 새로운 해상 강국이 되었어.

인도 대륙의 대부분을 통일한 무굴 제국

인도는 굽타 왕조가 무너진 후부터 여러 개의 작은 나라로 갈라져 서로 싸웠는데, 11세기부터 이 혼란을 틈타 들어온 이슬람교가 빠르게 퍼지고 있었어. 하지만 이슬람교는 인도인이 믿는 힌두교와 계속 다투어야 했으므로 크게 성장하기 힘들었지.

1526년, 티무르 제국 출신으로 칭기즈 칸의 핏줄을 이어받은 바부르가 군대를 이끌고 인도 북부를 점령하고 새로운 나라를 세웠어. 이 나라의 이름은 무굴인데, 이 말은 페르시아어로 '몽골'을 뜻해. 티무르 제국은 몽골 제국 출신들이 세운 나라로 14세기 후반에서 15세기 말까지 중앙아시아를 지배했으며 이슬람교를 믿었어. 무굴은 바부르의 손자인 악바르 황제 때 크게 성장하여 인도 전체를 아우르는 대제국이 돼. 그는 인도 북부를 완전히 통일하고, 영토를 아프가니스탄까지 넓혔어. 또 무굴의 종교인 이슬람과 인도 사람들의 종교인 힌두교가 화합할 수 있도록 힘썼지. 그러면서 무굴 제국은 약 100년간 번영을 누렸어. 이 시기에 이슬람과 힌두교가 합쳐진 시크교가 탄생하고, 인도 문화와 이슬람 문화가 어우러진 아름다운 건축물과 그림들이 많이 만들어졌어. 인도의 대표적인 유물인 타지마할도 이때 만들어진 거야. 무굴 제국은 17세기 후반 아우랑제브 황제 때 인도 남쪽까지 영토를 넓혔어. 그래서 지금의 인도 땅의 모습을 갖추게 된 거야.

종교 갈등이 국제 전쟁으로 번진 30년 전쟁

17세기 초, 신성 로마 제국에는 가톨릭을 믿는 제후국들과 개신교를 믿는 제후국들이 있었어. 가톨릭과 개신교들은 서로 대립하기도 했지만, 서로를 인정하려는 노력도 있었어. 그런데 그 제후국들 중 하나인 보헤미아의 왕 페르디난트 2세가 개신교를 탄압하기 시작했지. 이에 맞서 개신교를 믿는 귀족들이 1618년, 반란을 일으켰어. 신성 로마 제국의 황제 자리에까지 오른 페르디난트 2세는 가톨릭 국가인 에스파냐에 도움을 요청했지. 개신교 국가인 덴마크도 군대를 보냈어. 신성 로마 제국의 종교 갈등이 국제 전쟁으로 번진 거야. 이 전쟁은 30년간 계속되었고, 30년 전쟁이라고 불러.

영국과 네덜란드는 덴마크를 지원했고, 스웨덴도 개신교를 돕기 위해 참전했어. 프랑스도 참전하여 에스파냐와 싸웠지. 독일 땅에서 가톨릭과 개신교 국가가 서로 전쟁을 벌인 거야. 사실 이들은 속셈이 있었어. 영국은 신성 로마 제국과 에스파냐의 세력을 꺾으려 했고, 네덜란드는 독립 국가가 되려는 속셈이 있었으며, 가톨릭 국가인 프랑스도 국익을 위해 개신교 편을 든 거야. 이 전쟁은 1648년, 베스트팔렌 조약을 맺으면서 끝났어. 이는 유럽 나라들 사이에서 체결된 최초의 국제 조약으로, 덕분에 가톨릭과 개신교는 동등하게 종교의 자유를 보장받았지. 한편 피해가 컸던 신성 로마 제국은 제후국들이 독립해 나가면서 오스트리아와 그 주변 나라들로 쪼그라들었어.

태양왕, 루이 14세

17세기부터 프랑스도 절대 왕정이 시작되었어. 1610년, 9세의 어린 루이 13세가 왕이 되었지만, 그의 곁에는 유능한 재상인 리슐리외 추기경이 있었지. 리슐리외는 왕권이 강해야 하고 왕국이 끊임없이 발전해야 한다고 생각했어. 그는 왕권 강화를 위해 개신교도들을 잔인하게 탄압했지만, 프랑스가 강대국이 되려면 에스파냐와 신성 로마 제국을 꺾어야 한다며 30년 전쟁에서 개신교 편을 들었지. 그리고 귀족 세력을 눌러 왕권을 강화했어.

1643년, 루이 13세에 이어 고작 5세의 루이 14세가 왕이 되었어. 하지만 루이 14세 곁에는 마자랭 추기경이 있었지. 마자랭도 리슐리외처럼 왕권을 강화하려고 노력했어.

1661년, 마자랭이 죽자 루이 14세는 직접 나라를 다스리면서 가장 강력한 왕권의 모습을 보여 주었지. 사람들은 그를 태양왕이라고 불렀어. 귀족들은 전혀 힘을 쓰지 못한 채 왕에게 충성해야 했고 점점 가난해졌어. 반면에 루이 14세는 점점 부유해져, 크고 화려한 베르사유 궁전을 짓고 밤마다 파티를 열었지. 루이 14세는 상업을 중시하는 정책을 펼쳐서 나라의 재정을 튼튼히 만들었어. 이렇게 나라의 힘이 강해지자 여러 차례 침략 전쟁을 벌여 프랑스 영토를 넓혔지. 이때 프랑스는 서유럽 최강의 나라였어.

입헌 군주제를 세운
두 번의 혁명

영국의 절대 왕정은 엘리자베스 1세 여왕 때 전성기를 맞았어. 하지만 영국 왕은 의회를 무시할 수 없었지. 13세기 초반, 영국 귀족들은 대헌장을 만들어 왕이 마음대로 법을 바꾸거나 세금을 더 걷을 수 없도록 했어. 그런데 엘리자베스 1세에 이어 왕이 된 제임스 1세는 달랐지. 왕은 신이 내린 존재라고 선언하고 의회를 무시했어. 그 뒤를 이은 찰스 1세도 마음대로 새로운 세금을 걷고 의회 지도자를 체포하려는 등 의회와 마찰을 일으켰어. 그러자 의회가 혁명을 일으켰는데, 당시 의회에 개신교인 청교도 교인이 많아서 이 혁명을 청교도 혁명이라 불러. 이 혁명으로 권력을 잡은 크롬웰은 왕을 처형하고 영국을 공화국으로 바꾸었지만 나라를 독재로 다스렸어. 엄격한 통치에 시달리던 영국 사람들은 크롬웰이 죽자 다시 찰스 2세로 왕을 세우고 말았지.

찰스 2세를 뒤이은 제임스 2세는 영국을 가톨릭의 나라로 만들려고 했고, 정치도 제멋대로 했어. 의회는 왕의 큰딸인 메리와 메리의 남편이자 네덜란드 총독인 윌리엄에게 영국을 구해 달라고 부탁했지. 둘은 개신교를 믿었거든. 메리 부부는 군대를 이끌고 영국에 왔고, 왕은 프랑스로 도망쳤어. 1689년, 메리 부부는 영국의 공동 왕이 되었는데, 피 흘리지 않고 이루었다고 하여 명예혁명이라고 해. 이 혁명을 통해 영국에는 왕이 있지만 의회가 나라를 다스리는 새로운 정치 제도인 입헌 군주제가 시작돼.

만주족이 중국을 차지하다

중국의 명나라는 형편이 좋지 않았어. 북쪽에서는 몽골족이 만리장성을 넘어와 괴롭혔고, 남쪽 해안에서는 왜구가 백성들을 약탈했어. 내부에서는 환관의 부패가 심했고, 힘겨운 생활을 하던 농민들은 전국에서 반란을 일으켰지. 이 틈을 타서 만주에서는 1616년, 부족장 누르하치가 여진족을 하나로 통합하여 후금이라는 나라를 세웠지. 여진족은 이름을 만주족으로 바꾸고 나라 이름도 청으로 바꾼 다음, 명나라를 위협하기 시작했어. 명나라는 청나라를 막으려 국경으로 많은 군대를 보냈어. 수도 베이징에는 방어할 병사가 부족했지. 1644년, 농민 반란군은 베이징을 점령했고 명나라 황제는 도망치다 스스로 목숨을 끊었어. 이렇게 명나라는 멸망했어. 농민 반란군은 새 나라를 세웠지만, 곧 청나라가 베이징을 점령하면서 사라지고 말아.

중국을 차지한 청나라는 한족에게 만주족 머리 모양인 변발과 만주족 옷을 입도록 강요했어. 대신 한족 전통을 존중하고 유교를 인정했으며, 과거 제도를 계속 유지하여 한족도 과거를 통해 관리가 될 수 있도록 했어. 또 상인에게도 세금을 거두면서 농민의 세금 부담을 줄여 주었지. 그렇게 청나라는 강희제, 옹정제, 건륭제 3명의 황제로 이어지는 18세기 말까지 최고의 전성기를 맞았어. 이때 위구르, 타이완, 몽고, 티베트까지 영토를 넓혀 지금의 중국 영토 모양이 만들어진 거야.

세상은 넓고 건설해야 할 식민지는 많다

18세기 초, 남아메리카 브라질의 한 계곡에서 금이 발견되었어. 이 소식이 알려지자 유럽에서 많은 사람이 몰려들었지. 금이 발견된 곳엔 순식간에 큰 도시가 생겼어. 북아메리카에도 많은 유럽 사람이 넘어와 살았어. 이때의 북아메리카는 영국과 에스파냐, 프랑스가 차지하고 있었지. 영국은 대서양 연안에 13개의 식민지를 건설했고, 프랑스는 중부와 서부, 북부 일대를 차지했으며, 에스파냐는 플로리다반도가 있는 남동부에 식민지를 세웠어. 영국과 프랑스는 서로 세력을 넓히려고 경쟁했지.

1754년, 결국 두 나라는 전쟁을 벌였는데, 프랑스가 이 전쟁에 인디언을 자기편으로 끌어들였기 때문에 프렌치-인디언 전쟁이라 불러. 영국은 이 전쟁에서 프랑스를 이기고 프랑스 식민지의 대부분을 차지했지. 이제 영국은 북아메리카에서 최강자가 되었어.

한편 영국과 프랑스는 인도에서도 대결을 펼쳤어. 인도를 지배하던 무굴 제국이 아우랑제브 황제가 죽은 후로 급격히 약해지기 시작했거든. 두 나라는 인도에서 전쟁을 벌였고, 여기서도 영국은 프랑스를 물리치고 인도를 자기 마음대로 조종하게 되었지. 영국은 남태평양에 있는 오스트레일리아와 뉴질랜드도 차지했어. 18세기 후반, 영국은 이곳에 사람들을 보내 정착촌을 건설했지.

49 산업 혁명

영국에서 시작된
산업 혁명이 세상을 바꾸다

18세기, 영국에서는 커다란 변화가 시작되었어. 영국에서는 면으로 된 옷감이 크게 인기를 끌었는데, 그 전까지는 집에서 사람들이 손으로 만드는 가내 수공업으로 옷감을 생산했거든. 그런데 자동으로 실을 뽑는 방적기와 천을 짜는 기계가 발명되었고, 증기 기관으로 이 기계들을 움직이면서 이제 면직물을 대량으로 생산하게 된 거야. 돈 있는 사람들은 곳곳에 공장을 세웠고, 공장은 점점 커졌어. 그러면서 가격이 싼 면직물들이 쏟아져 나왔어. 산업 혁명이 시작된 거야. 이제 세상은 농업 중심의 사회에서 공업 중심의 사회로 변하기 시작했어.

변화는 면직물 산업을 넘어 다른 산업도 발전시켰어. 증기 기관으로 움직이는 다양한 기계가 발명되었어. 증기 기관 덕분에 원료와 상품을 운반하는 교통 기관도 빠르게 발달했어. 증기 기관차가 철도 위를 달렸고, 바다와 강에는 증기선이 다녔지.

산업 혁명은 유럽의 다른 나라로 퍼져 나갔고, 세상을 바꾸기 시작했어. 공장을 가진 부자들의 힘이 커지면서 귀족들의 힘은 약해졌지. 많은 사람이 농촌을 떠나 공장의 노동자가 되었는데, 이들은 적은 임금을 받고 힘들게 일해야 했어. 또 공장에서 생산된 값싼 물건들이 넘쳐나면서 수공업자들이 몰락하게 돼.

지나친 세금이 불러온 미국의 건국

18세기 중반, 영국은 부족한 정부 재정을 메우기 위해 북아메리카의 13개 식민지에서 설탕과 문서 등에 세금을 부과했어. 식민지 연합은 자기네 대표가 참석하지 않은 영국 의회에서 결정한 세금을 낼 수 없다며 강하게 반발했지. 영국은 그 세금을 없애는 대신 차에 무거운 세금을 부과하고 식민지의 차를 영국의 동인도 회사만이 수출할 수 있게 만들었어. 차는 수익이 좋은 사업이었는데, 식민지 상인들에게서 그 사업을 빼앗은 거야. 화가 난 식민지 사람들은 1773년 12월 어느 날 보스턴항에 있던 동인도 회사 선박에 있던 수백 상자의 차를 모조리 바다에 던졌어. 영국은 즉시 보스턴 항구를 닫아 버렸고, 영국군과 식민지 주민들 간의 무력 충돌이 일어났지. 식민지 대표들은 회의를 열고 영국으로부터 독립하기 위한 전쟁을 벌이기로 했어.

식민지 연합은 민병대를 조직하여 영국 군대와 맞섰어. 1776년 7월 4일에는 식민지 대표들이 독립 선언서를 발표하기도 했지. 8년간 계속된 전쟁은 영국과 사이가 좋지 않았던 프랑스의 도움을 받은 식민지 민병대의 승리로 끝났어. 영국은 어쩔 수 없이 북아메리카 13개 식민지의 독립을 인정했지. 13개의 주 대표들은 입법, 사법, 행정의 삼권이 분리된 헌법을 만들고 연방 정부를 세웠어. 그리고 민주 공화국의 수립을 선포하고 1789년, 나라를 이끌 대통령을 뽑았지. 역사상 첫 민주주의 국가인 미국이 탄생한 거야.

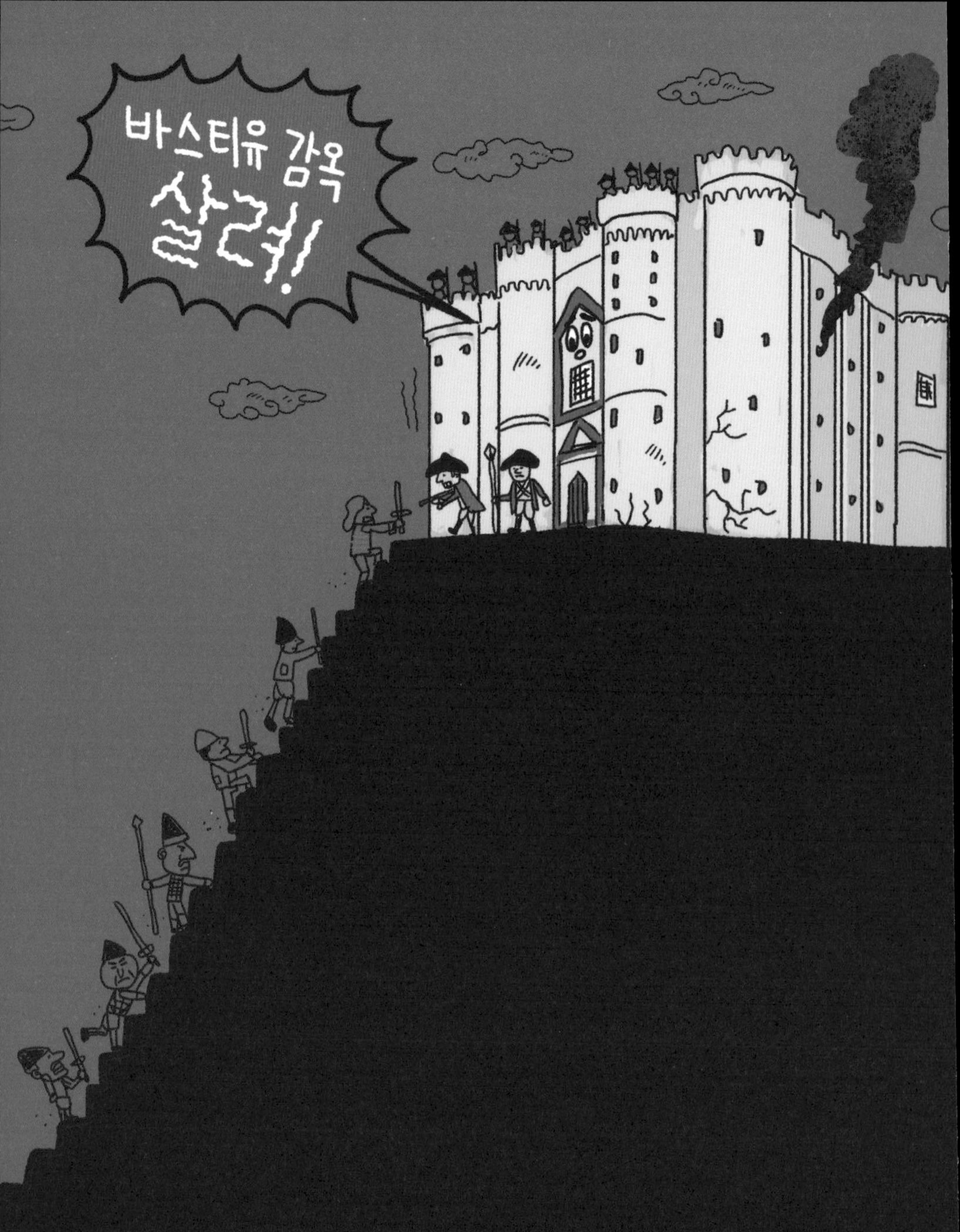
바스티유 감옥
살려!

시민 혁명으로
공화국이 된 프랑스

18세기 후반, 미국 독립 전쟁에 참여하여 많은 돈을 쓴 프랑스는 재정이 거의 바닥났어. 1789년, 루이 16세는 새로운 세금을 걷으려 전국 신분회를 소집해. 전국 신분회는 성직자, 귀족, 평민 각 신분의 대표들이 모인 의회야. 절대 왕정의 프랑스는 전국 신분회 없이 왕이 마음대로 나라를 다스렸지만, 재정이 워낙 안 좋아서 어쩔 수 없었어. 전국 신분회에서는 신분별로 한 표씩 투표했는데, 성직자와 귀족이 왕의 편이라서 결과가 뻔했지. 평민들은 자기들에게 불리한 투표 방법을 고쳐 달라고 요구했지만, 왕은 그 요구를 거부했어. 평민 대표들이 따로 국민 의회를 만들자, 왕은 국민 의회 회의장을 폐쇄해 버렸지. 국민 의회는 새로운 헌법을 만들 때까지 절대 해산하지 않는다고 선언했어. 왕은 군대를 투입해서 국민 의회를 탄압했고, 이에 분노한 파리 시민들은 무기 창고를 습격하여 무장했어. 프랑스 대혁명이 시작된 거야.

7월 14일, 시민들은 왕의 절대 권력을 상징하던 바스티유 감옥을 습격하여 점령했어. 국민 의회는 1791년, 입헌 군주제를 주요 내용으로 하는 새로운 헌법을 만들고 해산하지. 이후 입법 의회를 거쳐 1792년에 소집된 국민 공회가 루이 16세를 처형하고 프랑스를 공화국으로 만든 거야. 그런데 이들 중 일부가 반대 세력을 모두 죽이는 공포 정치를 폈고, 의회 안에서 권력 투쟁이 계속되면서 나라는 또다시 혼란에 빠지고 말아.

프랑스 혁명 정신을 유럽에 퍼뜨린 나폴레옹

프랑스에서 혁명이 일어나자 유럽의 다른 나라 왕들은 자기 나라에서도 혁명이 일어날까 봐 불안했어. 그 나라들은 동맹을 맺고 프랑스를 위협했어. 하지만 프랑스에는 젊고 유능한 군대 지휘관 나폴레옹이 있었지. 그의 군대는 이탈리아 북부에서 이집트의 카이로까지 점령했어. 나폴레옹은 프랑스의 영웅이 되었고, 여세를 몰아 1799년, 쿠데타를 일으키고 권력을 잡아. 스스로 최고 통치자에 오른 그는 나라 안의 갈등과 혼란을 잠재웠어. 1804년에는 국민 투표를 거쳐 황제의 자리에 오르지.

나폴레옹은 전쟁을 멈추지 않았어. 바다에서 영국에게 패했지만, 오늘날의 독일인 프로이센을 제압하고, 오스트리아의 신성 로마 제국도 완전히 무너뜨리고, 이탈리아도 점령해. 나폴레옹은 멈추지 않고 1812년, 60만 대군을 이끌고 러시아로 쳐들어갔어. 하지만 추운 날씨와 러시아의 끈질긴 저항에 크게 패하고 겨우 3만여 명의 병사만 데리고 돌아오게 돼. 1814년, 유럽 연합군에게도 패하면서 나폴레옹은 연합군에 의해 엘바섬으로 쫓겨나.

1년 후, 섬을 탈출한 나폴레옹은 재기를 꾀했으나 100일 만에 워털루에서 영국과 프로이센 연합군에게 패하고 말지. 결국 나폴레옹은 아프리카의 한 섬에 갇혀 생을 마감했어. 나폴레옹은 전쟁을 통해 자유와 평등이라는 프랑스 혁명 정신을 유럽 여러 나라에 전파했다는 평가를 받고 있어.

해가 지지 않는 나라, 영국

19세기, 유럽의 나라들은 산업 혁명 덕분에 쓰고 남을 만큼 상품을 만들 수 있었어. 그런데 팔고 남은 상품이 문제였지. 그들은 새로운 시장으로 해외에 식민지를 건설했어. 식민지에서 상품의 원료를 싼 가격으로 들여와 많은 양의 상품을 만들고, 이 상품들을 다시 식민지에 비싼 가격에 판 거야. 그들은 식민지가 많을수록 나라가 부강해진다는 생각으로 식민지를 더 많이 세우려 노력했지. 이를 제국주의라고 해.

제국주의로 가장 앞선 나라는 영국이었어. 영국은 아프리카에서 이집트를 차지하고 남쪽으로 계속 내려가면서 많은 식민지를 건설했지. 또 인도의 무굴 제국 황제를 끌어내리고 식민지로 만들었어. 인도 주변의 아프가니스탄, 네팔, 미얀마도 식민지로 만들었지. 동남아시아에서도 세력을 넓혀 싱가포르와 말레이시아를 식민지로 만들었어.

프랑스도 마찬가지였지. 서아프리카를 차지하고 동쪽으로 세력을 넓혀 베트남, 캄보디아, 라오스의 인도차이나반도를 식민지로 만들었지. 독일도 아프리카 곳곳에 식민지를 건설했어. 네덜란드는 오래전부터 인도네시아를 지배하고 있었지. 서양 강대국들은 남의 나라 식민지도 차지하려고 서로 싸우기도 했어. 영국은 네덜란드가 차지했던 남아프리카를 빼앗았고, 미국은 에스파냐가 차지했던 필리핀을 강제로 빼앗았지.

세계 최고의 공업국으로 성장한 미국

미국은 점점 커 갔어. 프랑스로부터 루이지애나를 사고, 인디언의 땅을 무력으로 빼앗았지. 멕시코로부터 텍사스와 캘리포니아를 빼앗았어. 이제 지금의 미국 땅 크기로 커졌지만, 이 넓은 땅에 살 사람이 부족했지. 그런데 1830년부터 이민자가 폭발적으로 늘어나기 시작했어. 유럽을 떠나 자유를 찾아 미국으로 온 사람들이 많았거든. 당시 유럽은 혁명 등으로 분위기가 어수선하고 지배층이 국민을 심하게 압박했어. 이주민들이 늘어나자 미국의 산업은 매우 빠른 속도로 발전했지. 19세기 중반, 북동부 지역을 중심으로 시카고, 디트로이트 같은 대형 산업 도시가 세워졌어. 산업이 발전할수록 이민자들은 더욱 증가했지. 심지어 중국과 같은 아시아 사람들의 이민도 늘었어.

그런데 큰 상처를 남긴 사건이 일어났어. 바로 남북 전쟁이야. 미국 북부는 산업이 빨리 발전했지만, 남부는 그렇지 못했어. 남부 사람들은 여전히 농장에서 흑인 노예에게 일을 시켜 면화 등을 재배했던 거야. 북부 사람들은 노예제를 폐지해야 한다고 주장했지만, 남부 사람들은 반대했지. 1861년, 노예제 폐지를 주장하는 링컨이 대통령이 되면서 남부의 7개 주가 반발하여 미국 연방을 탈퇴했어. 결국 북부와 남부가 전쟁을 벌였지. 4년 동안 계속된 전쟁에서 북부가 승리하면서 노예제는 폐지되었어. 그 후, 미국은 더욱 발전하여 유럽을 제치고 세계 최고의 공업국이 되었지.

청나라는 몰락하고, 일본은 제국주의 국가가 되다

유럽 사람들은 오래전부터 중국과 무역을 했어. 유럽은 중국 청나라에서 비단, 도자기, 차 등을 많이 수입했지만, 청나라는 유럽에서 수입할 제품이 많지 않았지. 유럽은 청나라와의 무역에 늘 손해를 봤어. 그러자 영국 상인들은 몰래 청나라에 아편을 판 거야. 아편은 중독성이 강한 마약이어서 중국 사람들은 마약에 중독되어 갔어. 참다못한 청나라는 영국의 상선들을 조사해서 마약을 모두 빼앗아 태워 버렸지. 그러자 1840년, 영국은 함대를 이끌고 청나라를 침공했는데, 이것을 아편 전쟁이라고 불러. 이 전쟁에서 패한 청나라는 국력이 많이 약해졌어. 게다가 태평천국 운동과 의화단 운동과 같은 저항 운동이 계속 일어나면서 나라가 무척 혼란했지. 약해진 청나라는 점점 서양 강대국의 좋은 먹잇감이 되어 갔어.

반면에 일본은 1853년, 미국에 문을 열고 서양 문물을 받아들여. 일본 왕은 메이지 유신이라는 대대적인 개혁을 추진하지. 덕분에 점점 유럽 나라들처럼 제국주의 국가로 바뀌어 갔어. 결국 아시아 최강국이었던 청나라에 도전장을 던지고 청일 전쟁을 일으켰어. 일본은 이 전쟁에서 승리하면서 아시아의 최강국이 되었지. 반면에 청나라는 점점 몰락하더니 1911년, 쑨원이 신해혁명을 일으키고 중화민국을 선포하면서 완전히 무너졌어. 중국에는 이제 청나라 대신 아시아 최초의 공화국인 중화민국이 들어선 거야.

황태자 암살이 불러온 세계 전쟁

1871년, 프로이센은 오스트리아를 제외한 신성 로마 제국에 속한 나라들을 통합하여 독일 제국을 이루었어. 독일은 식민지를 확보하려고 유럽 강대국들과 경쟁했어. 독일은 오스트리아, 이탈리아와 삼국 동맹을 맺고 경쟁국들을 견제했지. 삼국 동맹에 위협을 느낀 영국, 프랑스, 러시아도 삼국 협상을 만들었어. 그런데 예기치 못한 큰 사건이 벌어졌어. 1914년, 오스트리아의 황태자 부부가 사라예보를 방문했을 때 세르비아인에게 암살을 당한 거야. 오스트리아는 세르비아에 전쟁을 선포하지. 그러자 세르비아와 같은 슬라브족 국가인 러시아도 오스트리아에 전쟁을 선포했어. 이에 맞서 오스트리아와 삼국 동맹을 맺은 독일이 러시아에 전쟁을 선포하고, 러시아와 삼국 협상을 맺은 프랑스와 영국은 독일에 전쟁을 선포하지. 그리고 독일이 프랑스를 침공하면서 전쟁이 시작된 거야. 이 전쟁에 미국, 일본, 오스만 제국 등도 참여하면서 세계 전쟁이 되었는데, 이 전쟁을 제1차 세계 대전이라 불러.

서양 강대국의 과학 기술이 만든 무시무시한 무기가 사용된 이 전쟁은 서로 막대한 피해를 주면서 몇 년간 계속되었어. 하지만 막강한 국력을 가진 미국이 가담하면서 1918년, 전쟁은 삼국 협상 측의 승리로 끝나. 이 전쟁으로 독일은 막대한 배상금을 물고 해외 식민지를 모두 내놓아야 했고, 왕정을 끝내고 공화국 정부가 들어서게 돼.

역사상 최초의 사회주의 국가, 소련의 탄생

러시아는 원래 유럽의 후진국이었어. 하지만 17세기 후반에 집권한 표트르 대제 덕분에 강대국으로 성장할 수 있었지. 그런데 유럽의 다른 강대국들은 혁명을 겪고 공화국이나 입헌 군주제로 정치 체제를 바꾸어 갔지만, 러시아는 황제의 절대 왕정을 유지해 나갔어. 하지만 낡은 체제 속에 서서히 변화가 일어나고 있었지. 공장의 노동자와 지식인들에게 사회주의 사상이 스며든 거야.

1905년 1월, 수도 상트페테르부르크에서는 노동자와 가족 20만 명이 황제가 머무는 겨울 궁전 앞에 모여 개혁을 요구하는 시위를 했어. 군인들이 시위대에 총을 발사하며 무자비하게 진압했지. 노동자들의 불만은 더욱 커져만 갔고, 급기야 1917년, 3월 혁명이 일어났어. 노동자들의 대규모 시위가 일어나고, 이를 진압해야 할 병사들도 그 시위에 동참한 거야. 결국 황제 니콜라이 2세는 물러나고, 임시 정부가 세워졌지. 그러면서 러시아에 공산주의자 활동이 활발해지고, 해외에 있던 공산주의자 레닌이 러시아로 돌아와.

1917년 11월, 레닌이 이끄는 과격파 공산주의자들인 볼셰비키가 임시 정부를 무너뜨리고 소비에트 정부를 세웠어. 세계 역사상 처음으로 사회주의 국가가 탄생한 거야. 소비에트 정부는 우크라이나, 벨라루스 등 주변 나라를 흡수해서 소련을 세워. 소련은 소비에트 사회주의 공화국 연방의 준말이야.

최악의 세계 전쟁

제1차 세계 대전에서 패배한 독일은 전쟁 배상금도 물지 못할 정도로 경제가 엉망이었어. 국민은 독일을 다시 일으킬 강력한 지도자를 원했지. 이때 나치즘을 주장하는 히틀러의 나치당이 나타났어. 나치즘은 일종의 전체주의야. 전체주의는 국가를 위해 개인의 자유를 무시할 수 있다는 생각이지. 1933년, 나치당은 의회 다수당이 되고, 히틀러는 모든 권력을 장악해 총통이 되었어. 독일이 막강한 군대를 키워 1939년, 폴란드를 침공하면서 또다시 세계 대전이 일어나고 말아. 아시아에는 군국주의 일본이 있었어. 군국주의는 국가의 가장 중요한 목적을 군사력에 두는 정치 체제야. 중국을 침략하여 중일 전쟁을 일으킨 일본은 동남아시아로 진격하면서 세계 대전에 동참해.

독일은 1940년, 네덜란드와 노르웨이, 덴마크, 벨기에, 프랑스를 꺾고 유럽 중부와 북부 대부분을 점령했어. 그리고 소련으로 향했지. 하지만 독일군은 추운 날씨와 소련군의 끈질긴 저항을 이길 수 없었어. 한편 일본이 1941년 12월, 미국 하와이를 공격하면서 미국이 세계 대전에 참전하게 돼. 미국과 영국의 연합군은 프랑스 노르망디에 상륙하여 독일군을 밀어내고, 소련군은 동부에서 독일군을 밀어내지. 1945년 5월, 결국 독일은 연합군에게 항복해. 일본도 끝까지 버티다가 원자 폭탄 2발을 맞고 1945년 8월, 무조건 항복을 선언하지. 이렇게 제2차 세계 대전이 끝나게 돼.

자유 민주주의와 공산주의의 대결

제2차 세계 대전이 끝난 후, 세계는 크게 반성했어. 다시는 이런 참혹한 전쟁이 일어나면 안 된다고 생각한 거야. 1948년, 평화 유지와 국제 협력을 위해 '국제 연합(UN)'을 만들었지만 다툼은 계속되었어. 이번에는 자유 민주주의와 공산주의가 대결을 펼친 거야. 자유 민주주의의 대표 국가는 미국이었고, 공산주의의 대표 국가는 소련이었지. 세계 여러 나라는 자유 민주주의와 공산주의로 나뉘어 서로 등을 돌렸어. 소련은 동유럽 대부분을 공산주의 국가로 만들었어. 중국에도 공산 정권이 들어섰지. 그러자 유럽에서는 미국, 영국 등 자유 진영 국가들이 연합 군사 조직인 '나토(NATO)'를 만들어. 공산 진영은 이에 맞선 군사 조직으로 바르샤바 조약 기구를 만들지. 이렇게 자유 민주주의와 공산주의가 서로 대립하면서 언제든 전쟁이 일어날 것 같았지. 이것을 차가운 전쟁을 뜻하는 '냉전'이라고 불러.

그러다 진짜 전쟁이 터졌어. 바로 우리나라에서 일어난 6·25 전쟁이야. 일제 치하에서 해방된 남한에는 자유 민주주의 정부가 들어섰고, 북한에는 공산주의 정부가 들어섰는데, 둘 사이에 전쟁이 일어난 거야. 미국 등 자유 민주주의 국가들은 남한을 도왔고, 중국은 북한을 도왔어. 서로 밀고 밀리는 전쟁이 계속되다가 휴전을 했지. 베트남에서도 전쟁이 일어났어. 베트남에서는 공산주의가 승리했고, 자유 민주주의 진영은 큰 타격을 받았어.

공산주의의 몰락과 자유 민주주의의 승리

절대 끝나지 않을 것 같았던 냉전 시대는 서서히 기울어 갔어. 자유 진영은 눈부시게 성장했지만, 공산주의 소련은 경제가 점점 어려워졌지. 공산주의 아래에서는 경제가 발전하기 힘들었거든. 소련은 개혁과 개방을 통해 경제를 일으키려 노력했어. 소련은 미국과 냉전을 끝내기로 합의하고, 개혁을 더욱 밀어붙여 공산주의까지 포기했지. 1991년에는 아예 소련이 해체되고 옛날처럼 러시아와 다른 나라들로 분리되었어.

동유럽 국가들도 공산주의에서 벗어났어. 1989년, 폴란드가 공산주의에서 벗어나 대통령제를 도입했고, 헝가리는 공산당이 아닌 다른 정당도 정치에 참여하게 했지. 다른 동유럽 국가들도 마찬가지였어. 심지어 동서로 나뉘어 있던 독일은 공산 진영의 동독이 자유 민주주의 진영인 서독으로 흡수되면서 통일을 이루었지. 그러면서 바르샤바 조약 기구가 해체되었어.

경제가 엉망이었던 중국도 자본주의 경제 제도를 도입하고 개혁과 개방 정책을 폈지. 그런데 1989년, 대학생과 시민들이 북경 천안문에 모여 정치 개혁을 요구하며 대규모 시위를 벌였어. 중국의 지도자 덩샤오핑은 그들을 무자비하게 진압했지. 이를 천안문 사건이라고 해. 중국은 공산주의 정치 제도와 자본주의 경제 제도가 함께하는 나라로 오늘날까지 이어 오고 있어.

다른 나라에서 전쟁이 터지면, 사람들은 그 전쟁이 어떻게 될지 궁금해 하지. 우리와 전혀 관계없을 거 같은 아주 먼 나라에서 일어난 전쟁도 마찬가지야. 그뿐만이 아니야. 다른 나라의 선거에서 어떤 지도자가 뽑혔고, 테러나 폭동, 종교 갈등 등의 다양한 사건들이 왜 일어났는지 알고 싶어 해. 다른 나라의 물가나 은행 금리 등 작은 변화에도 관심이 생기지. 이제 전 세계가 밀접한 관계를 맺고 서로 영향을 주고받는 시대가 되었기 때문이야.

그런데 세계 여러 나라에서 발생한 전쟁이나 사건들은 아무 이유 없이 일어나는 경우는 거의 없어. 하나의 사건은 그 전에 일어난 다른 사건과 서로 연결되어 있지. 사건이 일어난 원인과 배경이 다 있는 거야. 그 원인과 배경을 알려면 세계사를 알아야 해. 세계 여러 나라에서 일어난 얽히고설킨 사건들을 보기 좋게 차곡차곡 쌓은 게 바로 세계사거든.

세계적인 역사학자 에드워드 카는 '역사가 과거와 현재의 끊임없는 대화'라고 말했어. 과거와 현재는 서로 별개로 있는 게 아니라 서로 연결되어 있고, 현재 세계의 모습은 과거, 즉 역사를 통해서 만들어졌다는 말이야. 그래서 과거의 사건들을 당시 사람들 입장에서 생각해 보고 그들이 그 사건에 어떻게 대처했는지 살펴보면, 우리가 앞으로 어떤 대비를 해야 할지 배울 수 있어. 게다가 역사 속의 사건들은 비슷한 모습으로 반복되는 경우가 많아. 세계사를 통해 다른 나라에서 일어난 전쟁이나 사건들이 우리에게 어떤 영향을 끼치며 앞으로 어떻게 될지 예측할 수 있고, 그 예측에 맞춰 미리 대비할 수도 있어.

이 책에서는 세계사의 가장 중요한 장면 60가지를 다루고 있어. 수천 년 인류 역사를 단 60가지로 줄여 소개한다는 건 너무나 어려운 일이야. 하지만 세계사를 나무에 비유하면 봉건제, 절대 왕조, 제국주의 등과 같은 몇 개의 큰 줄기가 있어. 60가지 장면이지만, 이 장면들을 꼼꼼히 살펴보면 세계사란 나무의 큰 줄기를 이해할 수 있을 거야.

이 책을 통해 많은 어린이가 세계사에 흥미를 갖고 세계사 속의 큰 줄기들을 알았으면 좋겠어. 이를 통해 급격하게 변하는 국제 정세를 이해할 수 있는 지혜를 가졌으면 해. 그리고 세계사를 좀 더 깊숙이 배운다면 세계에서 일어나는 예측하기 힘든 다양한 위기와 변화를 극복하는 힘을 기를 수 있을 거야.

참고 도서

지오프리 파커 엮음, 김성환 옮김, 《아틀라스 세계사》, 사계절, 2004

김상훈 지음, 《통세계사(전2권)》, 다산초당, 2009

김희보 지음, 《세계사 다이제스트 100》, 가람기획, 2010

양오석·송영심 지음, 조봉현·권성호 그림, 《재미있는 전쟁 이야기》, 가나출판사, 2014

홍정숙 지음, 윤혜영 그림, 《중국사 버스》, 니케주니어, 2015

전국역사교사모임 지음, 송진욱·이경석 그림, 《나의 첫 세계사 여행(유럽·아메리카/중국·일본)》, 휴먼어린이, 2018

에른스트 H. 곰브리치 지음, 박민수 옮김, 《곰브리치 세계사》, 비룡소, 2019

정헌경 지음, 염예슬 그림, 《교과서 속 70개 핵심 용어로 끝내는 세계사》, 주니어김영사, 2019

야마사키 게이치 지음, 정문주 옮김, 《세계사의 정석》, 까치, 2020

천레이 지음, 김정자 옮김, 《세상에서 가장 쉬운 세계사》, 정민미디어, 2020

이석희 지음, 홍수진 그림, 《세계사 버스》, 니케주니어, 2021